STERNSTUNDEN
DES SPORTS

FC Schalke 04

Tom Bender und Ulrich Kühne-Hellmessen (Hrsg.)

Gastautor: Klaus Fischer

Mit Beiträgen von Babak Milani, Jens Schiffer,
Wolfgang Flemming, Christian Ortlepp

Fotos von dpa Sportreport
und Pressebilderdienst Horstmüller

Sportverlag Berlin

Titelkonzeption: B & K pro media, Hamburg
Redaktionelle Mitarbeit: Cathrin Bangen, Katharina Kreke
Lektorat und Bildredaktion: Harro Schweizer, Berlin
Umschlaggestaltung: Volkmar Schwengle, Buch und Werbung, Berlin,
unter Verwendung eines Fotos von dpa Sportreport
Sponsoring: DMC Sport, Hamburg
Statistische Daten: Sports-Data, Berlin
Layout und Herstellung: Prill Partners | producing, Berlin
Repro-Arbeiten: Manfred Schürmann, Müncheberg,
tiff.any, Digitale Medienproduktions und -service GmbH, Berlin
Druck und Bindung: Westermann Druck Zwickau GmbH

Printed in Germany 2001

ISBN 3-328-00909-4

Dank des Teams an: Silke Brem, Steffi Riedel, Siegfried Daut,
Alfred Draxler, Klaus Fischer, Helmut Kremers, Rolf Rüßmann,
Charly Neumann, Michael Pfad

Inhaltsverzeichnis

Klaus Fischer

Was es bedeutet, ein Schalker zu sein ...

Das ist Klaus Fischer
Geboren am 27.12.1949
in Kreuzstraßl bei
Zwiesel/Bayern,
verheiratet, zwei Kinder;
gelernter Glasbläser.
Lebt heute in Gladbeck.
Vizeweltmeister 1982,
DFB-Pokalsieger mit
Schalke (1972)
und Köln (1983),
Deutscher Vizemeister
mit Schalke (1972, 1977)
und Köln (1982)
45 Ländersp., 32 Tore
22 EC-Spiele, 14 Tore
535 Bundesligaspiele,
268 Tore (Platz zwei
hinter Gerd Müller)
Torschütze des Jahres
1977 und 1982 mit seiner
Spezialität: Fallrückzieher!

Lassen Sie mich bitte eines gleich zum Einstieg einmal klar und deutlich sagen: Ich bin ein Schalker!

Was daran so Besonderes ist und warum man die Liebe und Hingabe zu diesem Verein ein Leben lang eigentlich nie verliert, möchte ich Ihnen in diesem einleitenden Kapitel erklären. Spätestens, wenn Sie die spannenden, humorvollen und manchmal auch ein bisschen verrückten »Sternstunden« in diesem Buch gelesen haben, werden auch Sie, liebe Leserin, lieber Leser, wissen, was ich mit diesem Bekenntnis verbinde.

Wer im Ruhrgebiet aufwächst, für den gehört der Umgang mit dem runden Leder zum Basiswissen eines Grundschülers. Rechnen, Schreiben, Fußball – das waren die »Hauptfächer« für die Pott-Kinder der Nachkriegsgeneration. Mit zunehmender Körpergröße und wachsender Beweglichkeit kam es dabei nicht selten vor, dass sich die Reihenfolge der Interessen rasch änderte. Und so war der Fußball auch schnell in der Wertigkeit da, wo er aus Sicht der Menschen im Ruhrgebiet schon immer hingehört – an der allerersten Stelle.

Der Name Schalke 04 nahm dabei stets eine ganz besondere Rolle ein. Denn, das lernten die Jungs vom Vater oder Großvater, Schalke stand immer schon für Tradition und besonders für Erfolg. Sieben Deutsche Meistertitel bedeuteten Anfang der sechziger Jahre einen klaren Rekord und sorgten für Ruhm und Anerkennung auch außerhalb des Ruhrgebiets.

Auch ich habe so von Schalke so zum ersten Mal gehört. Aufgewachsen im Bayerischen Wald hatte ich von Freunden beim Stra-

ßenfußball von der letzten Deutschen Meisterschaft der Königsblauen im Jahr 1958 gehört.

Doch Schalkes siebter Titel interessierte mich achtjährigen Knirps
herzlich wenig. Weil mein Idol Uwe Seeler hieß und bekanntlich
für den Hamburger SV auf Torejagd ging. Da stand mein Ent-
schluss, irgendwann auch mal ein großer Fußballer zu werden,
längst fest. Also mimte auch ich beim Freizeitkick auf den Wiesen
»Uns Uwe« und fieberte mit meinem Idol beim Endspiel um die
Deutsche Meisterschaft 1959 gegen den 1. FC Köln am Radiogerät
mit.

Meinen Berufswunsch konnte ich schon im Alter von 18 Jahren
in der Bundesliga in die Tat umsetzen, auch wenn es nicht mit Uwe
beim HSV losging. Immerhin durfte ich beim TSV 1860 München
noch gegen Seeler auflaufen, was für einen jungen Fußballer wie
mich damals eine große Ehre war.

Es war Anfang 1970, als ich erstmals vom Angebot des FC
Schalke hörte. Ich war in München im zweiten Jahr Profi, war nicht
nur Stammspieler, sondern schaffte gleich Platz drei in der Tor-
jägerliste. Nur reichte auch das nicht, um mit den Löwen die Klasse
zu erhalten. Ich aber wollte weiter in der Bundesliga spielen, und
deshalb ging ich an diesem kalten Februarabend mit einem Spieler-
vermittler namens Mihajlovic zu einem Gespräch, das mein Leben
verändern sollte.

Günter Siebert hieß der damalige Präsident der Schalker. Er war
nicht irgendwer, das hatte ich schon von einem Freund gehört. Siebert kannte und liebte den Fußball im Revier, weil er selbst schon
als Spieler im Schalker Dress die Meisterschale in der Hand hatte.

Bereits bei den Verhandlungen lernte ich eine der herausragenden Eigenschaften dieses Vereins kennen: niemals aufgeben. Nicht
etwa, dass ich lange um einen guten Vertrag hätte pokern müssen.
Im Gegenteil, schon nach zwei Stunden war ich samt unterschrie-
benen Papieren und dem größten Scheck, den ich bis dahin in meinem Leben gesehen hatte, wieder zu Hause.

Doch dann bearbeiteten mich meine Löwen am Tag darauf so
hartnäckig, zogen auch finanziell gleich, und ich, als junger Spieler

Klaus Fischer im
Schalker Trikot, 1977

eben sehr unerfahren, unterschrieb auch an der Grünwalder Straße einen neuen Vertrag. Den Scheck brachte ich noch am Abend zur Post und schickte ihn nach Gelsenkirchen zurück. Das Thema Schalke war damit für mich erledigt.

Nicht aber für Günter Siebert. »Oskar«, wie er in Schalke nur genannt wurde, war es nicht gewohnt, mit Misserfolgen zu leben. »Wenn ich was wirklich will, lasse ich nie locker«, hat er mir damals erklärt und hatte mich in einem langen Gespräch später doch noch überzeugt. Auch, weil er ohne zu zögern die nun fällige Strafzahlung des DFB – für zwei Unterschriften unter zwei verschiedene Verträge – übernahm.

Mit einem gemieteten Auto brachten sie mich in meine neue Heimat. Es war mein erster Besuch in Gelsenkirchen, auch wenn ich die Glückauf-Kampfbahn schon von einem Auswärtsspiel kannte. Bitterkalt war es an jenem Tag, und ich schaute gebannt aus dem

Mannschaftskollege Rolf Rüßmann kann nur staunen über Fischers Kopfball gegen Torhüter Bertram von Borussia Dortmund in der 2. Runde des DFB-Pokals 1975. Ganz links staunt mit ihm H. J. Wagner.

Fenster des Mercedes hinüber zu den großen Fördertürmen der Zechen, von denen mir so viel berichtet worden war.

»Was willst Du denn da? Da kannst Du doch nicht mal ein weißes Hemd anziehen«, hatten mir meine Mitspieler in München noch frotzelnd mit auf den Weg gegeben. Der Wagen hielt. Ich stieg aus und atmete tief ein. Da stand ich nun, mitten im Pott, und wirklich – man konnte die Kohle förmlich in der Luft riechen.

Längst kann ich mich nicht mehr an alle Einzelheiten meiner ersten Spiele erinnern, aber was ich bis heute nicht vergessen habe, war mein erster Auftritt in der alten Glückauf-Kampfbahn. Da brüllten die Fans nicht Schalke, sondern Libuda. Minutenlange Anfeuerungen nur für einen einzelnen Spieler – so etwas hatte ich noch nie erlebt. Vielleicht war der »Stan«, der viel zu früh gestorben ist, für mich deshalb vom ersten Tag an ein ganz Großer. Am Ball war er es sowieso.

Noch etwas ist mir aus diesen ersten Wochen des Jahres 1970 in Erinnerung geblieben: die Menschen in und um Schalke. Ich wurde wie ein Freund aufgenommen, spürte gleich, dass ich, der dank meines starken bayerischen Akzents schon beim Brötchenkauf auffiel, hier willkommen war.

So war es nicht schwer, die »Lektion Schalke« zu lernen. Stundenlang erzählten sie mir über die Geschichten und Geschichte ihres Klubs. Und mit jeder Story bekam ich mehr Ehrfurcht und Bewunderung für meinen neuen Arbeitgeber. Ja, ich war stolz, nun einer von ihnen zu sein. Einer, der dieses traditionsreiche Trikot tragen durfte und der versuchen wollte, den Menschen auf dem Fußballplatz etwas zurückzugeben, was sie mir quasi als Vorschusslorbeeren gegeben hatten.

Ich lernte die großen, alten Männer der Schalker kennen. Den Koslowski, den man nur den »Schwatten« nannte, oder den Burdenski, der einst das erste Tor für die deutsche Nationalmannschaft nach dem Krieg geschossen hatte.

Und natürlich die graue Eminenz, den wohl größten Schalker aller Zeiten – Ernst Kuzorra. Bei unserem ersten Treffen hat er mich noch misstrauisch gemustert, später hatte er immer ein paar nette, aufmunternde Worte für mich übrig. So manche Anekdote hat er mir beim »Pilsken« erzählt. Auf Bierdeckeln habe ich den berühmten Schalker Kreisel nachgespielt und so Stück für Stück gelernt, warum Schalke nicht irgendein Verein ist.

Gut möglich, dass auch die Anhänger des Klubs den Unterschied ausmachen. Für mich sind es noch heute die treuesten Fans, die ich je erlebt habe.

Was haben wir nach dem Bundesligaskandal 1971 gelitten. Anfänglich hatte ich wirklich ein bisschen Angst, auf die Straße zu gehen. Ich glaube, in fast jeder großen Stadt hätten sie uns beschimpft und verflucht – und das sicherlich auch nicht zu Unrecht. Aber in Schalke war auch das anders. Keiner meckerte oder schimpfte, manchmal war einer etwas traurig – doch der oft gehörte Tenor war meistens: »Kopf hoch, Jungs, jeder macht mal Fehler. Das wird schon wieder.«

Wenn du so etwas spürst, fühlst du dich als Spieler noch viel mehr in der Pflicht. Wahrscheinlich haben wir deshalb auch im Jahr danach eine so unglaubliche Saison gespielt. Wir hatten eine der stärksten Schalker Mannschaften aller Zeiten. Vor allem technisch konnte diese Mannschaft alles. Nicht weniger als neun Stammspieler schossen mit dem rechten und linken Fuß. Beidfüssigkeit ist heutzutage doch immer seltener zu finden. Kein Wunder, dass wir 1972 auch Pokalsieger geworden sind, und ich bin heute noch überzeugt, dass wir auch Deutscher Meister geworden wären, wenn wir nicht direkt nach der Winterpause auf hart gefrorenem Boden alle drei Auswärtsspiele in Bremen, Duisburg und Berlin verloren hätten – da war für unsere spielerisch und technisch starke Truppe nicht viel zu holen. Die Fans hatte auch das nicht gestört. Für sie ist der Spielausgang eben manchmal nicht so wichtig wie das Spiel selbst.

Wie an diesem 17. Oktober 1973. Es war mein erstes Spiel nach der Sperre im Rahmen des Bundesligaskandals. Und was für eines: 50 000 sind gegen den Wuppertaler SV gekommen und haben uns zum 4:2-Sieg getrieben. Ich machte damals drei Tore und hatte angesichts der unglaublichen Atmosphäre hinterher zitternde Knie.

Stellen Sie sich das bitte vor: Da haben ältere Menschen nach dem Abpfiff eines ganz normalen Fußballspiels richtig geweint vor Glück. Aber was ist schon »ganz normal« auf Schalke ...

Hier gab und gibt es immer Dinge, die in vielen anderen Vereinen nicht möglich wären. Wie eine ganze Reihe von Jahreshauptversammlungen, die früher in Schalke eine Mischung aus Volksfest und Komödienstadl waren. Mal hatte »Oskar« Siebert, der immerhin dreimal unser Boss war, aus reiner Laune heraus die Vertrauensfrage gestellt und wurde prompt zehn Minuten später abgewählt. Mal war die Stimmung durch einen schlechten Tabellenplatz so im Keller, dass die Ablösung Sieberts beschlossene Sache war. Da ist der »Oskar« aufs Podium geklettert und hat erst einmal der Rosi Mittermaier im Namen aller Schalker zur Goldmedaille bei den Olympischen Spielen gratuliert – und schon jubelten die Menschen, riefen erst »Rosi, Rosi« und später »Oskar, Oskar« ...

Einmal haben wir auf Schalke sogar einen vom Geheimdienst zum Präsidenten gewählt. Michael Zylka hieß der smarte Bursche, den zuvor noch niemand gesehen hatte, der aber im richtigen Moment mit einer starken Rede ans Mikrofon gegangen war. Genau drei Tage später hat ihn sein »Arbeitgeber« zurückgepfiffen, und der Düsseldorfer verschwand genauso schnell, wie er gekommen war.

Wenn ich schon die Liebenswürdigkeit und den besonderen Charme und die Herzlichkeit meines Schalkes so sehr betone, darf ich auch die Schattenseiten bei den Königsblauen nicht unerwähnt lassen. Denn die gibt es hier wie bei jedem anderen Verein auch. Ich habe sie kennen lernen müssen, als ich den Verein nach dem Abstieg 1981 Richtung Köln verlassen habe. Es war wohl im Nachhinein ein Fehler, dass ich zu früh meine Wechselabsichten öffentlich gemacht hatte. Doch was sich dann beim letzten Spiel im Parkstadion abspielte, hat mir echt Angst gemacht. Gegner war kurioserweise auch noch der 1. FC Köln, also mein künftiger Verein. Die nur noch 6000 Zuschauer, die gekommen waren, stiegen kurz vor Spielende beim Stande von 2:1 für Köln nahezu geschlossen über die Zäune und Absperrungen und versammelten sich aus Protest gegen den sportlich bitteren Saisonabschluss direkt am Spielfeldrand.

*Klaus Fischer hat Toni
Schumacher mit einem
Seitfall-Rückzieher
überlistet – im Bundes-
ligaspiel in Köln am
10. September 1977*

Ganz ehrlich, da war ich wirklich froh, dass mich der damalige Interimstrainer Rudi Assauer schon zur Halbzeit »aus taktischen Gründen« ausgewechselt hatte.

Ein noch bittereres Kapitel war mein Kurzauftritt als Cheftrainer. Nachdem ich zwischenzeitlich schon zweimal als Coach in der Zweiten Liga eingesprungen war, hatte mir der damalige Präsident Günter Eichberg 1992 einen Jahresvertrag als Cheftrainer in der Bundesliga gegeben. Bis mich noch im Sommerurlaub ein Anruf erreichte mit dem Wunsch des Präsidenten, ich möge doch mal dringend bei ihm in Düsseldorf vorbeischauen.

Schon auf der Fahrt erfuhr ich von einem Freund am Telefon den Grund der bevorstehenden Unterredung: Udo Lattek hatte angeblich auch einen Vertrag als Cheftrainer auf Schalke unterschrieben. Was ich zunächst für einen Witz gehalten hatte, wurde mir dann von der komplett versammelten Schalker Vorstandsriege um die Herren Eichberg, Höffken und Schmitz feierlich bestätigt. Der DFB, so wurde mir erklärt, würde sich quer stellen, weil ich noch keine Fußballlehrer-Lizenz hätte. Ein Scheinargument, wie sich schnell herausstellte. Aber auch so etwas gab es in Schalke.

Da kann sich der Verein wirklich glücklich schätzen, dass unter dem neuen Management um Rudi Assauer Seriosität und Bere-

chenbarkeit Einzug gehalten haben. Früher wurden auf Schalke Trainer manchmal schon gefeuert, weil einige Fans nach zwei Niederlage gepfiffen haben. Ich habe in meinen elf Jahren so viele Trainer erlebt, dass ich sie kaum noch alle zusammen bekomme. Heute zeichnet sich das Gespann Rudi Assauer und Huub Stevens durch langfristige Arbeit aus. Da wird weder nach drei Siegen von der Meisterschaft geredet, noch verfällt man in Panik, wenn es mal ein paar Wochen lang nicht läuft wie erwartet.

Ich freue mich sehr über diese Entwicklung, denn noch heute verpasse ich kein Heimspiel auf Schalke. Auch der Gewinn des Europapokals, der natürlich als Sternstunde ganz besonderer Art in diesem Buch enthalten ist, hat mich stolz gemacht. Schließlich hat Schalke international als einer der ganz wenigen deutschen Traditionsklubs in den letzten Jahrzehnten überhaupt nichts vorweisen können. Jetzt aber ist Schalke 04 sogar in Europa eine Marke.

Mit einem atemberaubenden neuen Stadion, auf das man sogar beim Nachbarn Dortmund neidisch werden wird.

Mit einer sehr gut besetzten Mannschaft, die noch weitere Erfolge feiern wird.

Mit einer Führung, die für Stabilität und Langfristigkeit steht.

Mit Fans, die auch heute noch für diesen ganz anderen Klub leben, leiden und lieben. Und voll stolz sagen können: Ich bin ein Schalker!

So wie ich ...

Einweihung der Glückauf-Kampfbahn

Schalke und Kuzorra –
»Clemens« war immer der Chef

Ernst Kuzorra in den dreißiger Jahren

Irgendwann«, so erzählt Alt-Nationalspieler Herbert Burdenski noch heute gerne beim Pils, »irgendwann stand plötzlich mal jemand bei uns vor der Tür und brachte meinen Eltern einen Zehnmarkschein. Das war damals echt viel Geld. Und dann sagte er nur: ›Schönen Gruß vom Kuzorra, wenn der Junge Lust hat, soll er zu ihm mal nach Schalke zum Training kommen.‹«

Wenn man in Schalke von Ernst Kuzorra redet, kommt gleich so eine ehrfürchtige Stille auf. Selbst die, die den Vater des berühmten Kreisels nie haben spielen sehen, nicken still andächtig, und manch einer raunt: »Ja, der Clemens, das war das wahre Schalke ... «

Clemens, so hatte die Mannschaft Ernst Kuzorra getauft, weil mit Pörtgen und Kalwitzki schon zwei namens Ernst im Team waren. Schon mit 18 Jahren war der Sohn ostpreußischer Bergleute der wichtigste Mann im Verein.

Zwei Brüdern mit dem Namen Ballmann hatte dabei selbst das Jahrhunderttalent Kuzorra eine Menge zu verdanken. Die hatten nach dem Ersten Weltkrieg ihre Kriegsgefangenschaft in England freiwillig verlängert, um nicht nur auf der Insel zu studieren, sondern sich während ihrer verbleibenden Zeit mit dem englischen Fußball zu befassen. Als Fred und Hans Ballmann dann nach Deutschland zurückkamen, versuchten sie die taktischen und spielerischen Erfahrungen umzusetzen. Fallrückzieher, Doppel- und sogar der ganz normale Flachpass fanden auf diese Weise ihren Einzug in Deutschland.

»Besonders das mit dem freien Mann, den der Ballführende anspielen sollte, hat mich fasziniert«, erinnerte sich Kuzorra noch

Vor den Toren der Traditionsstätte: die Glückauf-Kampfbahn

in hohem Alter. Und daran, dass er schon 1923 taktische Spielzüge mit seinen Mannschaftskameraden einzuüben versucht hatte.

Es war zu der gleichen Zeit, als sich die Fußballer von den Turnern im Verein trennten und sich endgültig in »Schalke 04« umbenannten. Um das zu bewerkstelligen, hatten sich die Kicker eines klugen Schachzugs bedient und einen der Einflussreichsten aus dem Turnerlager, Fritz Unkel, angeworben.

Fritz Unkel, weit mehr als nur der dritte Präsident von Schalke

Ob der Präsident von allen aufgrund seiner väterlichen Art nur »Papa« genannt wurde, weiß heute kaum einer noch. Wie passend dieser Name in Bezug auf den gesamten Verein sein sollte, zeigt der Blick auf die Historie. Denn »Papa« Unkel führte den Verein zwischen 1924 und 1938 an die Spitze des deutschen Fußballs.

Das hatte sich schon früh angekündigt, als Unkel bereits im ersten Amtsjahr mit Schalke Meister des Ruhrgaus und des Emscher-Kreises wurde und dazu noch den Westdeutschen Titel der Kreis-

ligen holte. Kein leichtes Unterfangen, bestand der Großteil der Mannschaft noch immer aus Bergleuten, die nicht bei jedem Spiel dabei sein konnten.

Das war auf Schalke aber schon immer so gewesen. Auch, als eine Handvoll Halbwüchsiger den Verein am 4. Mai 1904 aus der Taufe gehoben hatten. Erst »Malochen«, dann Fußball – das war die Reihenfolge. Und so passt es, dass dieser Tag ein Samstag war, an dem die Jungen nach Erzählung auf dem mit Löchern übersähten Platz hinter dem Haus Goor in Gelsenkirchen-Schalke mit ihren Spielchen den Grundstein legten. Weil kaum einer die Altersgrenze von 21 Jahren und damit die Volljährigkeit erreicht hatte, war ein offizieller Klub ausgeschlossen, und so nannte man sich einfach Sportclub Westfalia Schalke und schloss sich später dem bürgerlichen Turnverein Schalke 77 an, um so auch vom Deutschen Fußball-Bund anerkannt zu werden.

1927 sollte ein neues Zeitalter für Schalke anbrechen, auch wenn das Endspiel um die Westdeutsche Meisterschaft mit 3:4 gegen Fortuna Düsseldorf verloren ging. Dafür legte »Papa« Unkel den Grundstein zur Glückauf-Kampfbahn. Das hieß für viele nun neben Zeche und Fußball auch noch ein paar Stunden pro Tag Hand anlegen am eigenen Stadion. Und an jenem 25. August des Jahres 1928 feierten die Königsblauen ihre erste wirkliche Sternstunde. Nicht etwa, weil sie der Mannschaft von Köln-Sülz in einem munteren Spiel ein 3:3-Unentschieden abtrotzten, sondern weil mit diesem Duell die neue Arena eingeweiht werden konnte.

Ernst Kuzorra war da gerade mal 23 Jahre alt, sein Schwager Fritz Szepan, mit dem er als eine Art »fußballerisches Zwillingspaar« Deutschlands Fußball begeistern sollte, war erst 20.

Trotzdem waren beide mit ihren außergewöhnlichen Fähigkeiten schon zu dieser Zeit Vorbilder für tausende Jugendliche im Ruhrgebiet. Besonders Ernst Kuzorra war da schon ein Idol. Nicht nur, weil er in jeder Hinsicht der beste Fußballer war und dazu in seiner Karriere weit über 1000 Tore für seinen Verein schoss. Kuzorra machte eigentlich alles. Wer den Job des Trainers übernahm, war nicht wichtig. Denn mit welcher Taktik gespielt wurde, be-

stimmte Kuzorra. Auch die Höhe der Geldzuwendungen regelte nur er, der bis zu seinem Tod am 1. Januar 1992 über seiner Lotto-Toto-Annahmestelle in der Kurt-Schumacher-Straße wohnte. Gut für Schalke, dass auch alle Neuverpflichtungen über Kuzorra liefen, denn weil der Ausnahmespieler ein gnadenloser Verfechter der Nachwuchsförderung war, rekrutierte Schalke seine Spieler nahezu ausnahmslos aus dem Schüler- und Jugendbereich.

Eben wie jenen Herbert Burdenski, der noch heute sagt: »Kuzorra ist und bleibt das Herz von Schalke.«

Kuzorra im »Streik«

Noch heute wundern sich viele, warum der hoch begabte Ernst Kuzorra nur zwölf Länderspiele und dabei sieben Tore, sein langsamerer Schwager Fritz Szepan 34 (acht Tore) machte.

Einer der Gründe war wohl sein Widerstand gegen Reichstrainer Otto Nerz. Weil dieser seinen Schwager Szepan nicht im Aufgebot berücksichtigen wollte, ging Kuzorra vor dem Länderspiel gegen Belgien 1928 in »Streik« und täuschte eine Verletzung vor. Dann stellte er sich vor Nerz und stellte klar: »Aber wenn der Szepan spielt, bin ich wieder fit.«

So kam der unbequeme Kuzorra, im Verein gefeiert, nach 1932 nur noch zu zwei Länderspielen gegen Luxemburg (1936) und Ungarn (1938). Szepan, anders als sein Schwager nicht wortkarg und auch abseits des Feldes ein geschickter Taktiker, wurde Stammspieler.

*Ernst Kuzorra 1959.
Die Zigarre hat Tradition
auf Schalke. (HM)*

Das Ende einer Vereinssperre

Warum der »Fußball-Profi« auf Schalke geboren wurde

Schalke ist einfach ein Phänomen. Wenn bei uns einer nur das Flutlicht anmacht, kommen schon 20 000 Menschen ins Stadion gerannt, obwohl eigentlich gar nichts los ist.«

Was ursprünglich nur als spaßiger Flachs gemeint war, beinhaltet doch ein großes Stück Wahrheit. Denn Charly Neumann, das wortgewaltige Unikum der Königsblauen, weiß, wovon er spricht. Schalke war für seine Anhänger immer schon etwas mehr als nur ein Fußballverein. »Die Liebe zu Schalke wird von einer Generation auf die nächste übertragen. Für einen Jungen ist es das Größte, wenn Papa ihn zum ersten Mal mit auf Schalke nimmt«, sagt Neumann und fügt hinzu: »Wenn er das einmal erlebt hat, ist der Funke übergesprungen. Dann kommt er immer wieder.«

Schalke ist ein Massenphänomen. Ein Magnet, der seine Anhänger seit Jahrzehnten in den Bann zieht. Wie damals am 1. Juni des Jahres 1931.

Bereits in den frühen Morgenstunden hatten sich tausende Anhänger auf den Weg zum Stadion gemacht, denn es galt, einen ganz besonderen Tag zu feiern. Schalke war nach monatelanger Sperre wieder zum Spielbetrieb zugelassen.

Seit fast einem Jahr hatten die Menschen im Revier auf diesen Moment der Glückseligkeit warten müssen. Im Sommer 1930 war die gesamte Mannschaft der Knappen quasi in Sippenhaft genommen worden, weil einzelne Spieler im dringenden Verdacht standen, gegen den Amateurstatus verstoßen zu haben. Der Westdeutsche Fußballverband erhob gegen das Team, aber auch gegen die

Führung des Klubs Anklage. Der Vorwurf lautete auf »unzulässige finanzielle Zuwendungen an die Spieler«: Die Spieler sollen zehn anstatt der erlaubten fünf Mark angenommen haben.

Zunächst gab man sich in Schalke gelassen und verwies auf die sauberen Bücher und Bilanzen. Doch die vom Verband im Zuge der Beweisaufnahme angesetzte Kassenprüfung stolperte schnell über eine merkwürdige Position. Unter dem Namen »Baugelder« hatte Finanzobmann Willi Nier immer wieder Barauszahlungen getätigt. Zwar hatte der Verein gerade ein paar Jahre zuvor die Glückauf-Kampfbahn errichtet und auch noch einige Schulden, doch es stellte sich schnell heraus, dass mit den hier gebuchten Geldern schon lange nicht mehr am Stadion gebaut, sondern viel mehr die Häuser und Wohnungen der Spieler saniert wurden.

Immer wieder leugnete Nier die Zahlungen. Er konnte sich nicht erklären, wofür die Gelder verwendet wurden. Doch die Prüfer des WSV blieben hart und setzten den Schatzmeister der Schalker als einen der »Haupttäter« am 25. August 1930 mit auf die Anklagebank. Das Urteil, das an diesem Tag gefällt wurde, war für viele Anhänger ein echter Schock. Nicht weniger als 14 Spieler wurden von der Spruchkammer wegen Annahme von Geldern zu Berufsfußballern erklärt und mit sofortiger Wirkung aus dem Verband ausgeschlossen. Einzig Torhüter Mellage und Kellner entgingen der Verurteilung, weil ihnen die Annahme nicht nachzuweisen

1. Juni 1931: Es sollen 70 000 gewesen sein, die Einlass suchten.

So nah war man seinen Idolen selten: Sitzplätze selbst auf den Toren.

war. Auch die Führung der Vereins wurde hart bestraft. Acht Vorstandsmitglieder sperrte der Verband auf Lebenszeit. Szepan und Kuzorra hatten nach der Sperre schon einen Vorvertrag in Wien unterschrieben, für den Fall, dass Schalke nicht begnadigt wurde.

Einer hatte sich dem Bann auf seine Weise entzogen: Willi Nier konnte und wollte als Hauptbeteiligter der Angelegenheit nicht mit der Schmach weiterleben. »Der hat sich von einem Vorstandskollegen verabschiedet und gesagt: Ich weiß, was zu tun ist«, so wird sich noch heute auf Schalke erzählt. Am Morgen nach dem Urteilsspruch zog man die Leiche Niers aus dem Rhein-Herne-Kanal.

Vielleicht wurde in diesem Moment auch erst die ganze Tragik der Angelegenheit richtig deutlich. Denn anstatt Schadenfreude, die zunächst bei der Konkurrenz geherrscht hatte, fingen immer mehr Vereine an, sich mit den Westdeutschen zu solidarisieren. Das allerdings war kein Wunder, weil längst jedem klar war, dass auch in anderen Vereinen Spieler wie Profis bezahlt wurden.

Die ersten Rufe nach der Einführung des bezahlten Fußball-Profis wurden laut, doch der Deutsche Fußball-Bund stellte die Ohren auf Durchzug und ließ damals öffentlich erklären, man wolle das Ansehen des Amateurfußballs nicht weiter beschmutzen.

So endete auch der DFB-Bundestag im September 1930 im Chaos. Dabei hatte der Verband nur mit größten Überredungskünsten die Spitzenklubs in den Wochen zuvor davon abhalten

können, sich in Berlin zu einer Oppositionsveranstaltung zu treffen. »Man wolle«, ließ der DFB mitteilen, »die Thematik auf dem Bundestag entsprechend würdigen und zu Lösungen kommen.«

Eine sollte die Einführung des generellen Profistatus im deutschen Fußball werden, was auch der WSV stark befürwortete. Denn so wäre die Mannschaft des FC Schalke 04 wieder spielberechtigt gewesen. Man beantragte, ein Statut zur »Einführung des Berufsspielertums auszuarbeiten, das eine Berufsspielerliga unter ehrenamtlicher Verwaltung und Beaufsichtigung des DFB vorsieht«. Auch wenn das Vorhaben an der starren Haltung des DFB scheiterte, war das gewissermaßen eine Sternstunde des Fußballs, da hier der Boden für eine ganze Branche bereitet wurde.

Die unterschiedlichen Ansichten wurden besonders im Frühjahr 1931 unterstrichen, als nicht der DFB, sondern der WSV die Sperre gegen Schalke aufhob. Den reuigen Sündern waren die Zwistigkeiten am grünen Tisch längst egal. Sie wollten endlich wieder Fußball spielen. Und die Anhänger wollten ihren Mannen zuschauen.

Wie an jenem frühen Nachmittag des 1. Juni 1931, als sich 70 000 aufmachten, dieses erste Spiel nach der Wiederzulassung zu besuchen. Dabei bot die Gelsenkirchener Glückauf-Kampfbahn eigentlich nur 40 000 Menschen Platz. Schon diese Menge hätte die Arena fast zum Platzen gebracht, doch die weiteren 30 000, die noch vor den Toren drängten, sorgten für ein kaum für möglich gehaltenes Chaos. Bis an die Seitenlinien drängten die Zuschauer, während sich einige Jugendliche sogar die Torlatten als Sitzplatz gesichert hatten. Nur durch das beherzte Eingreifen der Polizei konnte der Ball zwischendurch trotzdem immer wieder rollen.

Dass Schalke am Ende mit 1:0 gegen Westdeutschlands Meister, Fortuna Düsseldorf, gewann, bekamen zumindest die Berichterstatter der damaligen Zeit nicht mit. Auch sie hatten im Pulk vor den Toren verbracht. Eine spätere Befragung der Mitwirkenden ergab so auch den Torschützen des Siegtreffers: Rechtsaußen Hennes Tibulski hatte mit seinem Schuss in den Winkel für Partystimmung auf den Straßen in Gelsenkirchen gesorgt und endgültig eines der schwarzen Kapitel der Schalker beendet.

Ein treuer Kumpel

Ernst Kuzorra wird noch heute als der »Vater von Schalke« verehrt. Der 1990 verstorbene Star der frühen Meistermannschaften, wollte Anfang der dreißiger Jahre eigentlich gar nicht mehr in Gelsenkirchen Fußball spielen.

»1926 war ich immer noch auf der Zeche Consolidation und wollte unbedingt raus aus dem Pütt«, erinnerte sich Ernst Kuzorra und erzählte: »Darum hatte ich mich bei der Polizeischule in Münster beworben und wurde prompt auch genommen. Mann, war ich froh. Also nahm ich das Einberufungsschreiben am nächsten Tag mit zum Training und zeigte es meinen Kameraden. ›Gib mal her‹, hat dann der Tullux Valentin mit todernster Miene gesagt, nahm das Stück Papier und zerriss es in viele kleine Stücke. ›Hier hast Du Deine Polizeischule‹, hat er gesagt. ›Du kannst uns nicht einfach im Stich lassen. Wir brauchen Dich.‹ Was sollte ich da machen: Hätte ich mich widersetzt, hätten die mir den Hintern zugedreht, und ich wäre für sie erledigt geblieben. Also blieb ich im Pott.«

FC Schalke 04 – 1. FC Nürnberg 2:1

Der lange Weg zum ersten Titel

*Ausgabe der »Fuß-
ball-Woche« vom
20. Juni 1934 mit Vor-
bericht zum Endspiel*

Der Frust der Schalke-Anhänger steckte noch tief. Jahrelang mussten sie neidisch zuschauen, wie nahezu unbekannte Mannschaften die Deutsche Meisterschaft gewannen. Kleinere Klubs wie der VfB Leipzig (1903), Freiburger FC (1907), Karlsruher FV (1909) oder Holstein Kiel (1912) zierten mit ihren Namensplaketten die Titeltrophäe Viktoria. Nur eben der Namen Schalke fehlte.

Noch schmerzhafter für die treue Fangemeinde war die Tatsache, dass die großen Konkurrenten 1.FC Nürnberg, SpVgg Fürth, Hamburger Sport-Verein und Hertha BSC Berlin sich zu diesem Zeitpunkt im Jahr 1934 gar schon mehrfach als Nummer 1 in Deutschland feiern lassen konnten.

Dabei waren die Königsblauen im Vorjahr so nah dran gewesen. Endlich standen auch sie einmal in einem Meisterschaftsfinale, und da der Gegner an diesem 11. Juni 1933 nur Fortuna Düsseldorf hieß, schien der erste Titel vor 60 000 Zuschauern im Müngersdorfer Stadion in Köln sicher. Aber wieder wirkte Schalke gehemmt, kam mit dem Druck des Favoriten nicht zurecht und spielte umständlich, zögerlich. Besonders die knallharte Manndeckung der Düsseldorfer gefiel den Westfalen nicht. Das *Kicker*-Sportmagazin schrieb damals: »Fortuna rassig, raumgreifend, Schalke im drucklosen Klein-Klein.«

0:3 gingen sie gegen Düsseldorf unter und fanden erst in der Kabine den Mut und das Selbstvertrauen wieder. Im Mannschaftskreise schworen sich die Knappen: »Das passiert uns nie mehr. Im nächsten Jahr schaffen wir es.«

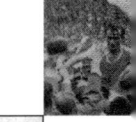

Postsportverein-Stadion, Berlin NW 40, Lehrterstr.

Sonntag, den 24. Juni 1934, 17 Uhr

Endspiel um die Deutsche Fußballmeisterschaft

1. F. C. Nürnberg –
Schalke 04

Vorspiel 15 Uhr

Preise der Plätze:	Vorverkauf:	Kasse:
Loge	Mk. 4,—	Mk. 4,—
Tribüne - Mitte	Mk. 3,—	Mk. 3,—
Tribüne - Seite	Mk. 2,50	Mk. 2,50
Arena - Sitzplatz	Mk. 1,50	Mk 1,90
Tribüne - Stehplatz	Mk. 0,95	Mk. 1,10
Arena - Stehplatz . . . . :	Mk. 0,70	Mk. 0,95
Schüler bis 16 Jahre, Erwerbslose, SA und SS		Mk. 0,50

exclusive Sportgroschenzuschlag

Erwerbslose haben nur an den Kassen Kruppstraße Zutritt

Vorverkauf: Weiland, Passage, Laden 30 / Reisebüro Dresdner Bank, Behrenstraße 35—38 / Sporthäuser: Kohlmey, Karlstraße 20, Schmidt, Stromstraße 56 und Schöneberg, Herbertstraße 4. Wilkens, Reinickendorfer Straße 114, Steidel, Rosenthaler Straße 34—35. Peters, Charlottenburg, Wilmersdorfer Straße 22 Bauer, Schönhauser Allee 52 / Zigarrengeschäfte: E. F. Schulze, Belle-Alliancestraße 21. Philipp, Gleimstraße 40 / NNW-Kasino, Jülicher, Ecke Behmstraße. Kasino Poststadion, Lehrterstraße. Restaurant Giese, Frankfurter Allee 105 / DFB.-Geschäftsstelle: Kronprinzenufer 19 (jetzt umbenannt in Schliessenufer 5). **Vorverkauf-Schluß: Freitag 22. Juni 1934.**

Den Worten sollten Taten folgen. Doch zunächst begann die Titel-jagd 1934 mit dem Duell der 16 Gaumeister. In vier Gruppen zu je vier Mannschaften wurden die jeweiligen Sieger ausgespielt.

Klarer Erster in der Gruppe I wurde Viktoria 89 Berlin, die Geg-ner aus Beuthen, Stolp und Danzig hatten keine Chance.

In der Gruppe III hatte Waldhof 07 die Nase vorn. Der Mühl-heimer SV, die Offenbacher Kickers und Union Böckingen hatten das Nachsehen.

Spannend ging es in der vierten Gruppe zu. Das Kopf-an-Kopf-Rennen zwischen dem 1. FC Nürnberg und dem Dresdner SC ent-schied der »Club« nur durch das bessere Torverhältnis für sich.

In der Gruppe II hatte es Schalke mit dem VfL Benrath, Werder Bremen und dem Eimsbüttler TV zu tun. Der Auftritt der Gelsen-kirchener gegen die Gaumeister vom Niederrhein, von der Nord-mark und aus Niedersachsen verlief anders, als es sich die favorisier-ten Westfalen gedacht hatten. Überraschend verlor Schalke bei Benrath und dem ETV. Erst im letzten Spiel gegen Konkurrent Benrath gelang der Gruppensieg mit einem einzigen Punkt – und damit der Einzug ins Halbfinale.

Während sich Nürnberg in seinem Vorschlussrundenspiel mit 2:1 gegen Berlin durchsetzte, traf Schalke im Düsseldorfer Rhein-stadion auf Waldhof 07. 45 000 Zuschauer erlebten die Schalker 2:0-Führung nach 56 Minuten durch Urban und Rothardt und feierten bereits den neuerlichen Finaleinzug.

Zu früh, wie sich nach dem Anschlusstreffer durch Siffling gleich nach dem Wiederanstoß per Foulelfmeter herausstellte. Und als fünf Minuten später Engelhardt zum 2:2 ausglich, schien das Spiel zu kippen.

Wie gut, dass Schalke noch einen Ernst Kuzorra in seinen Reihen hatte, denn der gab mit seinem Tor zum 3:2 die passende Antwort, bevor Rothardt und Kalwitzki mit ihren Toren zum 5:2 alles ent-schieden.

Schalke stand damit zum zweiten Mal in Folge in einem Finale um die Deutschen Meisterschaft – ausgerechnet gegen den 1. FC Nürnberg, der bereits fünfmal zu Meisterehren gekommen war.

Was im Meisterjahr 1934 noch passierte ...

**13.2.: Schwergewichts-boxer Max Schmeling verliert in Philadelphia gegen Steve Hennas nach 12 Runden.
6.3.: Hans Stuck stellt mit Auto-Union-Renn-wagen auf der Berliner Avus drei neue Welt-rekorde auf.
15.6.: Die Lufthansa eröffnet den Blitz-Flug-verkehr zwischen Berlin, Frankfurt, Köln und Hamburg.
30.6.: Hitler schlägt im so genannten Röhm-Putsch einen Aufstand der SA nieder.
6.7.: Der Engländer Fred Perry gewinnt das Tennisturnier von Wimbledon mit 6:3, 6:0, 7:5 gegen Jack Crawford (USA).
2.8.: Reichspräsident Paul von Hindenburg stirbt mit 86 Jahren auf seinem Gut Neudeck.**

Noch scheitert Ernst
Kuzorra aus der Nah-
distanz am Nürnberger
Torhüter Georg Köhl.

Die Entscheidung
Sekunden vor dem
Abpfiff: Vergeblich wirft
sich Köhl in den Schuss
von Kuzorra.

Titelseite der »Fußball-Woche« vom 27. Juni 1934

Ein Traumfinale, das da am 24. Juni 1934 vor 45 000 Fußball-fans im Berliner Post-Stadion angepfiffen wird. Der »Club« spielt souverän, lässt Schalke kaum ins Spiel kommen und geht in der 54. Minute durch Friedels 20-Meter-Schuss in Führung.

Die Gewitterwolken über Berlin scheinen doch ein schlechtes Omen für den Außenseiter zu sein. Aber während Wetter, Spielverlauf und Spielstand gegen die Knappen sprechen, ändern die plötzlich ihre Taktik. Ab der 70. Minute stürmt nur noch Schalke. Die Mannschaft nimmt kaum noch Rücksicht auf die Defensive.

Angriff auf Angriff rollt auf das Tor der Nürnberger, die über die taktische Umstellung völlig überrascht scheinen. Als sogar Mittelverteidiger Szepan am Nürnberger Strafraum auftaucht, lässt sich der Club hinten einschnüren und will nur noch das Ergebnis über die Zeit retten.

»Schalke, Schalke« peitschen die Anfeuerungen der Fans durch die Arena. Das Publikum spürt bereits, was wenige Minuten später auf dem Rasen Realität wird. Nur noch 180 Sekunden. Schalkes Stürmer Urban hat gerade völlig freistehend die Latte getroffen. Nürnberg wankt, fällt aber immer noch nicht. Die Spieler sind durch das schwüle Wetter mit den Kräften am Ende.

Mit Leistenbruch ins Spiel gegangen und am Ende das alles entscheidende Tor geschossen: Ernst Kuzorra wird völlig erschöpft vom Platz getragen.

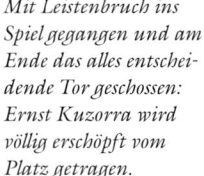

Nummer 26

Der Kicker

26. Juni 1934

Jllustrierte Wochenschrift für Fußball, Handball und Leichtathletik

Amtliches Organ der Gaue XII, XIII, XIV, XV, XVI des DFB. und der DSB.
Zentral-Organ des Süddeutschen Fußball- und Leichtathletik-Verbandes e. V. i. L.

Anschrift: Der Kicker, G. m. b. H., Nürnberg 2, Abholfach. Telegrammadresse: Kickerverlag. Bankkonten:
Nürnberg: Commerz- und Privatbank; Kreuzlingen: Thurgauische Kantonalbank; Saarbrücken: Allgem. Elsässische
Bankgesellschaft, Filiale Saarbrücken; Prag: Böhmische Escomptebank und Kreditanstalt. Postscheckkonto:
Nürnberg, Nummer 27052. Postsparkassenkonto: Wien B-122, 145. Fernsprecher: Nummer 27456

27 Endspiele um die Deutsche Meisterschaft

Eine Ehrenliste des Deutschen Fußballes

1903: VfB. Leipzig — DFC. Prag 7:2
1904: Nicht ausgetragen.
1905: Union Berlin — Karlsruhe FV. 2:0.
1906: VfB. Leipzig — 1. FC. Pforzheim 2:1.
1907: Freiburger FC. — Viktoria 89 Berlin 4:2.
1908: Viktoria 89 Berlin — Stuttgarter Kickers 3:1.
1909: Karlsruher FC. Phönix — Viktoria 89 Berlin 4:2.
1910: Karlsruher FV. — Holstein Kiel 1:0.
1911: Vikt. 89 Berlin — VfB. Leipzig 3:1.
1912: Holstein Kiel — Karlsruher FV. 1:0.
1913: VfB. Leipzig — Duisburger SpV. 3:1
1914: SpVgg. Fürth — VfB. Leipzig 3:2.

1915—1919: Nicht ausgetragen.
1920: 1. FC. Nürnberg — SpVgg.Fürth 2:0.
1921: 1. FC. Nürnberg — Vorwärts Berlin 5:0.
1922: 1. FC. Nbg. — Hamburger SV. 2:2.
1. FC. Nbg. — Hamburger SV. 1:1.
Hamburger SV. verzichtet auf zugesprochenen Titel.
1923: Hamburger SV. — Union Oberschöneweide 3:0.
1924: 1. FC. Nbg. — Hamburger SV. 2:0.
1925: 1. FC. Nbg. — FSV. Frankfurt 1:0.
1926: SpVgg. Fürth — Hertha BSC. Berlin 4:1.

1927: 1. FC. Nürnberg — Hertha BSC. Berlin 2:0.
1928: Hamburger SV. — Hertha BSC. Berlin 5:2.
1929: SpVgg. Fürth — Hertha BSC. Berlin 3:2.
1930: Hertha BSC. Berlin — Holstein Ki. 5:4.
1931: Hertha BSC. Berlin — SpV. 1860 München 3:2.
1932: FC. Bayern München — Eintracht Frankfurt 2:0.
1933: Fortuna Düsseldorf — FC. Schalke 04 3:0.
1934: FC.Schalke 04 - 1. FC. Nürnberg 2:1.

Nach dem gigantischen Kampf — Einer rief: „Wer ist Deutscher Meister? — Tausende antworteten: FC. Schalke heißt er!"
Kuzorra, Mellage, Szepan, Urban, Nattkämper, Zajons, Bornemann, Valentin, Kallwitzki, Tibulski, Rothardt

Linke Seite: Titelseite des »Kicker« zwei Tage danach mit der Meisterelf Rechts: Ausriss eines Artikels aus der »Fußball-Woche« vom 27. Juni 1934

Schalkes Siegeszug
So etwas hat Deutschland noch nicht erlebt
Von unserem an der Fahrt teilnehmenden Sonderberichterstatter

Blauweiße Schalke-Fahnen wehen über den Köpfen der Schalker Spieler, die ihre Freunde auf den Schultern hinaus aus der Poststadion-Arena in die Kabinen tragen. Urban, Valentin, Bornemann, Nattkämper und Zajons sind es, die hier ihren Sieges„ritt" machen.

Während diese Zeilen geschrieben werden, rast der D-Zug im Morgengrauen durch Thüringen, das Land der roten Erde, Westfalen, das wir erst durchfuhren, liegt hinter uns und nur sehr schwer will es dem, der die triumphale Heimkehr der Schalker miterlebte, Gewißheit bleiben, was er an diesem unvergeßlichen 25. Juni sah und hörte. Man konnte es sich einmal Deutscher Meister wurde und damit an das Ziel all ihrer heißen Wünsche kam, jubelnd empfangen würde, aber alles kam, was sich auf ihrer Heimfahrt abspielte, übertraf die kühnsten Erwartungen. Noch niemals hat man einer deutschen Fußballmannschaft einen solchen Triumphzug be-

Szepan, Ernst Kuzorra und der Trainer „Bumbas" Schmidt am Mikrophon der Lautsprecheranlage erschienen und einige Worte an die Massen richteten. Aber es war mehr nur ein freudiges Stammeln, die Erregung hatte sie ergriffen, denn das, was sich an diesem Abend abspielte, das übertraf alle ihre Träume.
10.58 Uhr, mit dem fahrplanmäßigen D 24 (Berlin/Paris) sind die Schalker von Berlin abgefahren. Bereits in den ersten Vormittagsstunden herrschte vor dem „Russischen Hof" ein lebhafter Andrang der autogrammwütigen Jugend und im Hause selbst gab es natürlich ein fröhliches Erwachen. Die Expedition der Westdeutschen befand sich in der glänzendsten

Kuzorra konnte nicht mehr feiern

Der Schütze des Siegtors hätte angesichts seiner Leistenprobleme gar nicht spielen dürfen. Doch Ernst Kuzorra sagte seiner Mannschaft: »Ich bin euer Kapitän. Ich weiß, dass ihr mich braucht. Also lasse ich euch auch nicht im Stich.«
Sprach's und schoss den Treffer zur ersten Meisterschaft.
Pech für Kuzorra: Als sich seine Mitspieler nach dem Schlusspfiff in den Armen lagen und wie junge Hunde auf den Stadtparkwiesen umhertollten, musste der Held zusammengebrochen vom Platz getragen werden. Sein Schuss hatte die Verletzung wieder verschlimmert – ihn aber bei den Königsblauen unsterblich gemacht.

Doch plötzlich schraubt sich Szepan in die Luft und köpft den Ball am verdutzten Club-Torhüter Köhl vorbei ins Netz – das hoch verdiente 1:1. Die Nürnberger stellen sich bereits auf eine Verlängerung ein, von der Bank der Franken reklamiert man bei Schiedsrichter Birlem, dass die Spielzeit schon abgelaufen sei.

Schalke stürmt weiter. Der letzte Angriff. Valentin schiebt den Ball auf Kalwitzki. Der überrennt Popp und flankt auf Kuzorra. Schalkes Kapitän ist mit einem Leistenbruch in die Partie gegangen. Jetzt in der allerletzten Minute ist er topfit, stoppt die Lederkugel 22 Meter vor dem Nürnberger Tor. Zwei Gegenspieler lässt er ins Leere laufen, legt sich noch scheinbar seelenruhig den Ball vor und drischt ihn unhaltbar zum 2:1-Sieg ins Tor.

Einige Sekunden später ist Schluss – und Schalke zum ersten Mal Deutscher Fußballmeister.

23. Juni 1935

FC Schalke 04 – VfB Stuttgart 6:4

Drei Tore durch Pörtgen –
Titel verteidigt und Schwur gehalten

Titelseite der »Fuß-ball-Woche« vom 19. Juni 1935 mit dem Vorbericht auf das Endspiel

Einzug der Gladiatoren ins Müngersdorfer Stadion; vorn Kuzorra, dahinter Pörtgen und Szepan

Es war zwar nur ein Wunsch, aber für einige klang es beinahe wie ein Befehl. »Männer, das war ein schöner Erfolg. Ich bin sehr glücklich, mit Euch die erste Deutsche Meisterschaft gewonnen zu haben. Aber unsere Aufgabe ist noch nicht beendet. Wir werden es noch einmal machen. Ich möchte im nächsten Jahr wieder die Viktoria in Händen halten.«

Es war still in der Schalker Kabine am späten Nachmittag des 24. Juni 1934. Der Tag des großen Sieges gegen den 1.FC Nürnberg in letzter Sekunde. Doch jetzt waren das Gejohle und die Feiergesänge plötzlich verstummt. Gebannt schauten sie alle ihren Kapitän an. Hatte er einen Witz gemacht? Glaubte er wirklich so ernsthaft an eine erfolgreiche Titelverteidigung?

Szepan war der erste, der sich von der Wirkung der Ansprache erholte und die Sprache wiederfand. Der Schwager von Kuzorra stand auf und rief: »Natürlich, die Vicky behalten wir. Der nächste Titel bleibt unser.«

Es war der Schwur von Berlin.

Abermals sollte es ein steiniger Weg für Schalke werden. Als Gaumeister Westfalen qualifizierten sich 15 weitere Liga-Champions. Dabei waren Vereine, die heute schon lange vergessen sind. York Boyen Insterburg etwa, der Gaumeister aus Ostpreußen, der Stettiner Sport-Club 1908, Gaumeister in Pommern, oder die SpVgg Vorwärts-Rasensport Gleiwitz, Gaumeister in Schlesien.

Schalke hatte es in der Vorrundengruppe II mit den Teams vom Eimsbüttler TV, Hannover 96 und Stettiner SC zu tun. Der Start

in diese Meisterschaft gelang dank eines 9:1 gegen Stettin vorzüglich. Schon zur Pause stand es 7:1. Jeweils mit einem Doppelpack schrieben sich Kuzorra, Gellesch, Pörtgen und Kalwitzki in die Torschützenliste ein.

Mehr Mühe machte Hannover. Erst ein Elfmeter fünf Minuten vor Schluss durch Szepan stellte das schwer umkämpfte 3:2 sicher.

Nach drei weiteren Siegen gegen ETV (4:0), bei Hannover (4:1) und Stettin (6:0) war der Einzug ins Halbfinale bereits vorzeitig perfekt. Da konnte man sich zum Abschluss sogar eine 1:2-Niederlage in Eimsbüttel leisten.

Gegner der Schalker im Halbfinale waren die Sachsen aus Chemnitz, die sich gegen Hertha, Insterburg und Gleiwitz durchgesetzt hatten – auch, weil Berlin am letzten Spieltag überraschend 1:2 gegen Gleiwitz verlor.

Wie im Vorjahr war das Rheinstadion in Düsseldorf der Austragungsort dieses Halbfinales. Wieder war es mit 45 000 Zuschauern restlos ausverkauft.

Kuzorra (links) und VfB-Spielführer Rutz mit Schiedsrichter Best bei der Seitenwahl

Der flinke Kalwitzki (rechts) bedroht VfB-Torhüter Kapp.

Auf Kohle gebaut

Das Erfolgsgeheimnis der Schalker Meistermannschaft 1935 war ihre Bodenständigkeit. Acht der elf Spieler des Finalteams waren in Gelsenkirchen geboren. So eine Quote sollte es nie wieder bei einem Deutschen Titelträger geben. Mit Ausnahme von Mellage, Pörtgen und Nattkämper waren alle im Pott aufgewachsen, zwischen Kohlestaub und Fördertürmen.

Und wie im Vorjahr gegen Mannheim unterschätzten die Königsblauen auch diesmal das Team aus Chemnitz von Beginn an.

Möglicherweise auch deshalb, weil man - wie im Vorjahr - schnell mit 1:0 in Führung ging: gleich beim ersten Angriff durch Kalwitzki. Die Schalker Fans auf den Rängen, die schon vorher nur über die Höhe des Ergebnisses diskutiert hatten, träumten bereits von einem Schützenfest.

Aber Chemnitz wollte nicht mitspielen, fing sich schnell und glich durch Helmchen nach 17 Minuten aus. Auch wenn Kuzorra und Kalwitzki einen vermeintlich beruhigenden 3:1-Vorsprung zur Halbzeit hergestellt hatten, kamen die Sachsen durch ein Elfmetertor, wiederum von Helmchen, noch auf 2:3 heran. Zu wenig, um Schalke die dritte Endspielteilnahme in Folge streitig zu machen.

Gegner war diesmal Finalneuling Stuttgart. Die Schwaben hatten die Hoffnungen vieler zerstört, die auf ein Endspiel der westdeutschen Kontrahenten Schalke und Benrath gesetzt hatten. Doch der VfB schlug die Truppe aus Düsseldorf mit 4:2.

Aber die Vorbereitung auf die größte Partie in der Stuttgarter Vereinsgeschichte war von einem Skandal überschattet. Der VfB hatte Pech mit der Wahl des Endspiel-Quartiers. Das Haus »Sonnenschein« in Köln war nicht das geeignete Hotel für eine Fußballmannschaft, die vor einem Finale um die Deutsche Meisterschaft steht. Bis in den frühen Morgen dröhnte Tanzmusik durch das

Gebäude, so dass an Schlaf kaum zu denken war – bis um drei Uhr früh den Spielern der Geduldsfaden riss. Bökle und Rebmann zogen sich an, maschierten in den Festsaal runter und beendeten mit herben Worte das muntere Treiben. Als dann endlich Ruhe eingekehrt war, wurde es draußen schon wieder hell ...

Pörtgen erzielt nach Vorlage von Kuzorra das 6:3 für Schalke.

Hätten es die Schwaben doch wie die Schalker machen können. Alle Spieler durften zu Hause bei ihren Familien übernachten und fuhren am Morgen des 23. Juni 1935 ganz gemütlich und ausgeschlafen gemeinsam mit dem Vereinsbus ins Stadion. Nicht weniger als 74 000 Zuschauer waren an diesem Tag ins Kölner Stadion gekommen, denn die Kapazität der Arena in Müngersdorf war in den letzten Monaten erweitert worden.

Das Spiel in der Gluthitze von Köln bei 40 Grad Celsius im Schatten begann mit einem Sturmlauf des Titelverteidigers – und einem Auftakt nach Maß: Bereits nach sechs Minuten jubelten die Schalker, nachdem Urban allein aufs Tor zu gelaufen war und eiskalt die 1:0-Führung herausgeholt hatte.

Es dauerte bis zur 30. Minute, als Schalke die Vorentscheidung gelang: Pörtgen knallte einen Freistoß direkt in die VfB-Mauer, die Schwaben lösten sich vorzeitig aus dem Bollwerk und der Ball zischte zum 2:0 ins Tor. Kurz vor der Pause machte Gellesch mit einem Kopfball zum 3:0 nach Ecke von Kalwitzki alles klar.

Den Siegern die Titelseite der »Fußball-Woche«

DIE Fußball-Woche

Text zum Bild:
Schalke 04 mit dem
Meisterschafts-Kranz,
links einige Stuttgarter
DM von Maier, Köln

Nr. 26 AUSGABE B
13. JAHRGANG
BERLIN 26. JUNI 1935
PREIS
0,30 RM

Heute:

20 Seiten reichbebilderter Bericht vom Endspiel

Stuttgart gab zwar nicht auf und stellte im zweiten Durchgang nahezu die komplette Mannschaft um. Bökle ging auf die Mittelstürmerposition, Haaga auf rechts, Koch auf halbrechts und Rutz nach links. Doch Tore erzielte wieder nur Schalke: Verteidiger Kotz trat am Ball vorbei und Pörtgen hatte keine Mühe beim 4:0.

War es Nachlässigkeit oder das Gefühl des sicheren Sieges, das Schalke in der Folgezeit einen Gang zurückschalten ließ: Erst als VfB-Angreifer Bökle die Partie mit zwei Treffern innerhalb von nur drei Minuten wieder etwas spannender machte, fühlten sich die überlegenen Schalker dazu aufgerufen, keine Zweifel aufkommen zu lassen.

Pörtgen passte auf Kalwitzki und das 5:2 (65.) war perfekt. Wieder konterte Stuttgart nach einem 25-Meter-Schuss von Koch zum 3:5, doch Pörtgen gelang schon im Gegenzug sein dritter Treffer zum 6:3. Auch das 6:4 der Stuttgarter spielte am Ende keine Rolle mehr.

Schalke hatte seinen Titel letztlich souverän verteidigt.

Der Schwur, den sich Kuzorra und die Meistermannschaft des Vorjahres damals in der Umkleidekabine des Berliner Post-Stadions gegeben hatten, war mit dem Titelgewinn gehalten worden.

Oben: Stolz halten Schalker Jugendliche beim Einzug in Gelsenkirchen die Viktoria im Arm. Unten: Spielführer Ernst Kuzorra im offenen Wagen mit dem Siegerkranz, ganz rechts Schalkes Trainer Bumbas Schmidt

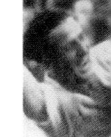

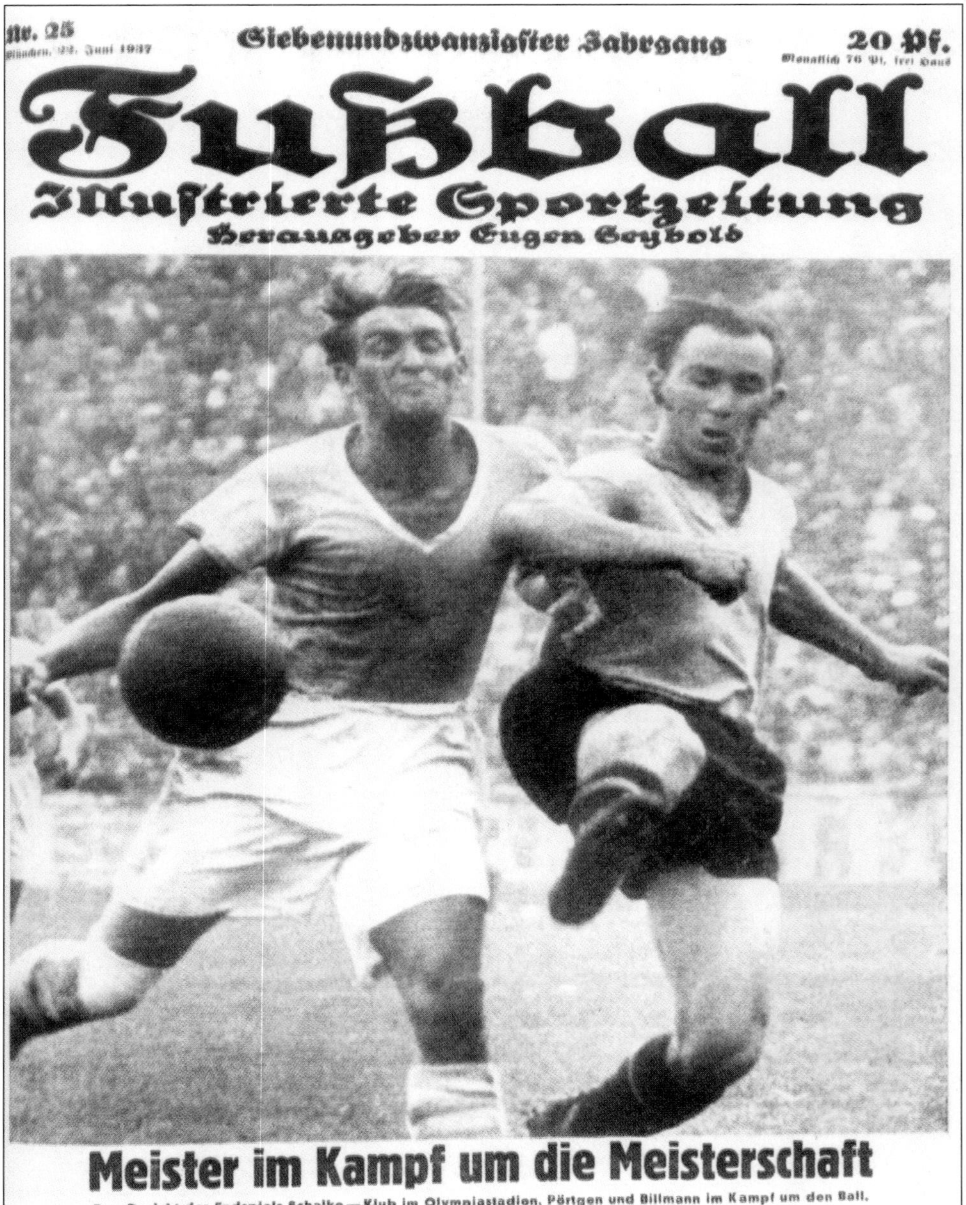

Nr. 25
München, 22. Juni 1937

Siebenundzwanzigster Jahrgang

20 Pf.
Monatlich 76 Pf. frei Haus

Fußball

Illustrierte Sportzeitung

Herausgeber Eugen Seybold

Meister im Kampf um die Meisterschaft

Das Gesicht des Endspiels Schalke — Klub im Olympiastadion. Pörtgen und Billmann im Kampf um den Ball.

FC Schalke 04 – 1. FC Nürnberg 2:0

»Beste Mannschaft von allen ...«

Ausgerechnet der Club. Schalkes Anhänger waren entsetzt. Innerhalb von zwölf Monaten mussten ihre Lieblinge wieder gegen den großen Kontrahenten und mittlerweile Angstgegner aus dem Süden antreten. Das Meisterschaftsfinale 1937 führte genau diese zwei Mannschaften wieder zusammen.

Der Stachel der Halbfinalniederlage aus dem Vorjahr saß noch ziemlich tief.

Am 7. Juni 1936 war es im Halbfinale von Stuttgart zum Duell der damaligen Fußballgiganten gekommen. Was heute Topspiele zwischen Bayern München und Borussia Dortmund oder München und Leverkusen sind, das waren in den dreißiger Jahren die Partien zwischen Königsblau und Schwarz-Rot.

Die Presse titelte damals: »Das vorweggenommene Endspiel«, oder »Heute spielt der kommende Meister«. 75 000 Zuschauer wollten im Stuttgarter Neckarstadion Zeuge dieser brisanten Begegnung sein. Wer aber auf ein torreiches Halbfinale gesetzt hatte, kaute zur Halbzeit unzufrieden an seinem Pausen-Würstchen. Der Schlagabtausch der deutschen Übermannschaften war von viel Respekt geprägt. Es wurde eher abgewartet als angegriffen. Schalkes Torwart Hermann Mellage: »Ich dachte, mir würden gleich die Fäuste brennen. Aber es war in der ersten Hälfte ein recht geruhsames Spiel.«

Was sich aber schnell ändern sollte. Die Nürnberger erhöhten in der zweiten Halbzeit den Druck aufs Schalker Tor und in der 57. Minute gelang Friedel nach der neunten Nürnberger Ecke die

Zwei Tage nach dem Endspiel erscheint am 22. Juni 1937 die illustrierte Sportzeitung »Fußball« mit dem großen Spielbericht von Schalkes dritter Deutscher Meisterschaft.

Club-Führung. Wieder Friedel stellte kurz vor dem Abpfiff auch den 2:0-Endstand her.

In Gelsenkirchen war man geschockt. Nicht nur vom Ergebnis, sondern auch von der gezeigten Leistung. So durfte sich eine Mannschaft aus Gelsenkirchen nicht präsentieren, war die einhellige Meinung von Vorstand und Fans. Und nun hatten die Schalker an diesem 20. Juni 1937 die Möglichkeit, sich für den schwachen Auftritt im Vorjahr zu revanchieren.

Nicht weniger als 101 000 Fußballanhänger strömten ins Berliner Olympiastadion. Der Schwarzmarkt blühte. Nicht nur Geld, sondern auch Gegenstände wie Fahrräder, Damenhüte oder Reisekoffer wurden für eine einzige Eintrittskarte angeboten und auch getauscht. Die Buchmacher favorisierten den Gaumeister aus Bayern, den 1. FC Nürnberg. Die Süddeutschen hätten die besseren Nerven. Schalke ließe sich doch zu sehr von den Gefühlen leiten.

Aber nicht nur die Schalker hatten die Halbfinalpleite aus dem Vorjahr im Hinterkopf, auch der »Club« wollte etwas gutmachen. Sie wollten »Rache« für das verlorene Endspiel gegen Schalke aus dem Jahre 1934. Passend, dass mit dem Berliner Alfred Birlem auch gleich derselbe Schiedsrichter wie im Jahr 1934 diese so brisante Partie pfiff.

Das Finale der »Emotionen« begann mit einer sehr konzentrierten Schalker Mannschaft. Kein Schlendrian, keine Mätzchen, die Knappen übernahmen gleich das Kommando. Auf dem knöcheltief

Großer Kampf im Endspiel – von links die beiden Nürnberger Uebelein und Eiberger, dahinter im Sprung Ernst Kuzorra

Die Schalker Meisterelf, von links: Berg, Kalwitzki, Tibulski, Urban, Pörtgen, Gellesch, Szepan, Schweißfurth, Bornemann, Klodt, Kuzorra

aufgeweichten Rasen, es regnete ununterbrochen, wusste sich Nürnberg oft nur mit Fouls zu helfen. Diese Spielweise gefiel den neutralen Berliner Zuschauern im Stadion überhaupt nicht, was mit zunehmender Spieldauer die Sympathien für Königsblau deutlich verstärkte.

Als Tibulski mit einer Kopfwunde zusammen brach, waren die Schalker Spieler kurzzeitig geschockt. Wenig später stand der Spieler wieder im Mittelpunkt, als er in der 26. Minute wunderschön auf Urban flankte. Der nahm den Pass auf und schoss, bevor Pörtgen die Kugel noch leicht ablenkte, die zur 1:0-Führung ins Nürnberger Tor rollte.

Wie gut, dass Schalke an diesem Tag einen tollen Keeper wie Klodt im Tor hatte. Denn als Nürnberg nach der Pause gewaltig auf den Ausgleich drückte, verhinderte der Torwart mit Glanzparaden ein Gegentor.

Tibulski (links) und Kuzorra feiern Ernst Kalwitzki, der gerade das zweite Tor erzielt hat.

Die Sonne gewann **n i c h t** die Deutsche Fußballmeister-
schaft 1937.

Morgens schien sie, dann war sie weg, um 1 Uhr mittags
begann es zu regnen bis zum Spielbeginn, gegen Spielende lugte
sie ironisch noch mal hervor. Bei 16 Grad.

Auch kein Zufallstreffer, wie im Vorjahr, gewann die Meisterschaft.

Sondern einzig und allein die Glanzform von Schalke und die
prachtvolle Zusammenarbeit der Schalker gewannen die Deutsche
Meisterschaft.

*

Deutschland hat in Schalke für 1937 einen wahren Meister,
einen würdigen Meister.

Jeder Freund guten Fußballs wird sich darüber aus voller Seele
freuen.

Schalke dürfte — wenngleich die Verteidigung noch stärker sein

*Das Wetter und eine
Huldigung an Schalke:
aus einem Spielbericht
über das Endspiel*

**Jahrelang waren die
alten Kontrahenten
Schalke und Nürnberg
das Maß aller Dinge im
Fußball. Sie teilten viele
Meisterschaften unter
sich auf, waren über fast
neun Jahrzehnte an der
Spitze der Titelliste.
Der »Club« hat
neunmal gewonnen, die
Königsblauen
siebenmal. Erst 1987
überholten die
Münchner Bayern die
Franken mit ihrem 10.
Erfolg und sind seitdem
unangefochten
Rekordmeister.
Die Rangliste:
1. Bayern München – 16
2. 1. FC Nürnberg – 9
3. FC Schalke 04 – 7
4. Hamburger SV – 6
5. Borussia
Mönchengladbach – 5
Borussia Dortmund – 5**

Der Club schwächte sich zudem später noch durch einen Platz-
verweis gegen Schmitt, der nach einem üblen Foul an Kalwitzki das
Feld verlassen musste. Kalwitzki war es dann auch, der neun Minuten vor Schluss die Entscheidung einleitete. Der Stürmer schoss am
angreifenden Billmann und dem chancenlosen Torwart Köhl vorbei
zum 2:0 ein. Die Revanche war geglückt. Der Jubel auf dem Rasen
und am Spielfeldrand bei den Funktionären und den Anhängern
wollte kein Ende nehmen. Hunderte von fliegenden Hüten im
Olympiastadion waren Symbol der übergroßen Freude und des Sieges über den Erzfeind.

Mit dem 2:0 über Nürnberg war Schalke zum dritten Mal Deutscher Meister geworden. Die Westfalen hatten damit wieder einmal
für ein Jahr die »Viktoria« in den eigenen Vereinsräumen. Schalkes
Trainer »Bumbas« Schmidt verkündete euphorisch nach dem Sieg:
»Das war von allen Schalker Mannschaften die beste.« Damals
konnte der Coach nicht ahnen, dass die »fetten« Jahre noch lange
nicht vorüber waren.

Nr. 2 — 11. Januar 1938 — Polari Nürnberg — Aus Haus 2 Pfg. mehr — 20 Pfg. — Süddeutschland — Kicker Bilderwerk 17

Der Kicker
Die deutsche Fußball-Illustrierte
Amtliches Organ des Reichsfachamtes Fußball im deutschen Reichsbund für Leibesübungen

In wenigen Sekunden führt Schalke 2:0

Vergebens setzt „Knöd" Bender dem straffste Konzentration verratenden Ernst Pörtgen nach . . .

Bild Maier

44

FC Schalke 04 – Fortuna Düsseldorf 2:1

Erstes Double in der deutschen Fußballgeschichte

Schalke wollte eine neue Seite im Buch der Fußballgeschichte schreiben. Nach dem Titel gegen den 1. FC Nürnberg (2:0) sollte auch 1937 der Pokal in die Vitrinen der Schalker gelangen. Doch bisher lag ein böser Fluch auf diesem Vorhaben. Niemand hatte bis dahin das so genannte »Double« gewonnen.

Seit 1935 existierte diese DFB-Trophäe, und genau seit dieser Zeit jagte Schalke auch vergebens hinter ihr her. Der erste Versuch misslang am 8. Dezember 1935. Im ersten Pokalfinale überhaupt verlor Schalke gegen den 1. FC Nürnberg mit 0:2. Dabei hatten die Süddeutschen Schalke mit den eigenen Waffen geschlagen. Sie beherrschten gekonnt das Kurzpassspiel, das eigentlich das Markenzeichen der Westfalen war.

Kurz nach der Pause der erste Schock für Schalke: Eiberger erzielte aus dem Gewühl heraus die Führung für den Club. Die Entscheidung dann in der Schlussphase, als die Westdeutschen auf den Ausgleich drängten. Friedel traf und Nürnberg war erster DFB-Pokal- oder »Tschammer-Cup«-Sieger, wie die Trophäe nach dem damaligen Reichssportführer Hans von Tschammer und Osten benannt war.

Am 3. Januar 1937 versuchte Schalke erneut, die »verhexte Vase« endlich zu gewinnen. Die Knappen standen im Berliner Olympia-stadion dem VfB Leipzig gegenüber. Der große Schock für Schalke schon nach nur einer halben Stunde: Die Außenseiter aus Leipzig führten völlig verdient mit 2:0. May und Gabriel hatten eiskalt zugeschlagen. Einen kleinen Hoffnungsschimmer gab es kurz nach

Auf dem Titelbild des »Kicker« ist neben dem Düsseldorfer »Knöd« Bender und dem Schalker Ernst Pörtgen auch der allseits anerkannte Schiedsrichter Grabler aus Regensburg zu erkennen.

45

Szepan schießt das entscheidende zweite Tor. Links Bender, rechts verdeckt Janes und Czaika von Fortuna, ganz rechts Urban

der Halbzeitpause, als Kalwitzki den Anschlusstreffer erzielte. Doch es war nicht der Tag der Schalker.

An diesem 9. Januar 1938 soll es endlich klappen. Und dabei setzt der Meister auf Kontinuität. Zehn Champion-Spieler des Final-erfolges gegen Nürnberg vor gut sechs Monaten stehen gegen Fortuna Düsseldorf auf dem Rasen des Müngersdorfer Stadions in Köln. Nur Schweißfurth muss verletzt passen, er wird durch Sontow ersetzt.

Die Taktik bei der dritten Schalker Pokalteilnahme in Folge ist schnell klar. Im Gegensatz zur Niederlage gegen den 1.FC Nürnberg 1935 will man gegen Fortuna den sogenannten »Schalker Kreisel« unbedingt durchsetzen. »Wir spielen unser System. Und zwar ohne wenn und aber«, sagt Kapitän Ernst Kuzorra vor dem Anpfiff.

Der Kreisel, das berühmte, schnelle Passspiel der Königsblauen, soll den Gegner frustrieren und müde machen, was gegen Düsseldorf zu Beginn sehr gut gelingt. Bis zur Pause hält Fortuna ein torloses 0:0, wirkt aber müde.

Szepan, der Instinkt-Fußballer, hat die Körpersprache der Gegenspieler richtig gedeutet und treibt seine Mitspieler in der Kabine an:

Schalker Double

Die Königsblauen sind die ersten Double-Sieger der deutschen Fußballgeschichte. Hier die weiteren Double-Gewinner –
1969:
FC Bayern München
1978:
1. FC Köln
1986:
FC Bayern München
2000:
FC Bayern München

Beim Empfang in
Gelsenkirchen:
Die Fans sind aus
dem Häuschen.

Fritz Szepan und Ernst
Kuzorra mit dem
Tschammer-Pokal

Drei deutsche Pokal-
sieger, die 1938 bereits
die Soldatenuniform
tragen: Rudolf Gellesch,
Adolf Urban und
Hans Klodt

»Jetzt sind die Fortunen reif, die sind müde, und wir können jetzt zuschlagen.«

Die Worte Szepans werden sofort in die Tat umgesetzt. In der 46. Minute spielte Urban Kalwitzki den Ball millimetergenau auf den Fuß und der Torjäger bedankt sich mit dem 1:0. Nur eine Minute später fällt die Vorentscheidung. Pörtgen sieht die Lücke, spielt auf Szepan und Schalke führt mit 2:0. Fortunas Star Janes bekennt später: »Die Halbzeitpause war wohl Gift für uns. Als wir wieder richtig wach waren, stand es schon 0:2 gegen uns.«

Der Schalker Anhang ist im Freudentaumel. Für die zahlreichen Anhänger ist das Spiel schon entschieden, doch Fortuna hat sich trotz des Rückstandes noch lange nicht aufgegeben. Schalkes Entlastungsangriffe werden immer seltener, denn Düsseldorf übernimmt das Kommando und wird sieben Minuten vor Schluss belohnt: Bornemann spielt den Ball im Strafraum unglücklich mit der Hand und Schiedsrichter Grabler entscheidet auf Strafstoß. Den fälligen Elfmeter verwandelt Janes sicher zum 2:1.

Karikatur aus dem »Kicker« vom 18.1.1938 zum Gewinn des Doubles

Bei Schalke beginnt auf einmal wieder das große Zittern. Erinnerungen an die verlorenen Endspiele der Vorjahre werden wach. Sollte der Pokalfluch der Schalker doch nicht verschwunden sein?

Düsseldorf startet die Schlussoffensive und hat eine gute Möglichkeit durch Janes. Doch als sein Schuss am Schalker Tor vorbei geht, sind die Königsblauen endlich am Ziel.

Schalke war Pokalsieger und sicherte sich das erste Double der deutschen Fußballgeschichte. Schalkes Trainer Otto Faist wusste um die besondere Bedeutung, als er nach dem Schlusspfiff erklärte: »Unsere Mannschaft hat mit diesem Erfolg Spuren hinterlassen, die noch Jahrzehnte später zu erkennen sind.«

FC Schalke 04 – Admira Wacker Wien 9:0

Schützenfest vor 100 000 Fans

Die Zeitungen nach dem Meisterschaftsendspiel 1939 übertrafen sich mit Lobeshymnen über Schalke 04. Die Knappen hatten in einem denkwürdigen Finale das Team von Admira Wien geschlagen.

Vielleicht ist an dieser Stelle »geschlagen« gar nicht der richtige Ausdruck. Es war eine Demütigung. Eine Demontage, die bis dahin in einem Endspiel nicht für möglich gehalten wurde. Schalke schlug die Österreicher mit 9:0! Ein Rekordergebnis, das nie wieder nur annähernd erreicht werden sollte.

Zurück zur deutschen Presse, die damals wie folgt titelte: »Schalke in Überform.« »Glorreiches Schalke 04.« »Schalkes größ-

Zwei Karikaturen aus dem »Kicker« vom 20.6.1939 Oben: Admira als Kreisel – »Das war ein böses Kreiselspiel!« Rechts: »Das berühmte Schalker Netz, in dem sich Admira hoffnungslos verfing ...«

Rechte Seite oben:
Die Bahnhofstraße in
Gelsenkirchen ist von
Tausenden belagert, als
die siegreichen Knappen
einziehen.
Unten: Ein Wagen in
der endlosen Kolonne
mit Szepan (rechts) und
Kuzorra mit Blumen-
strauß

Nr. 25
München, 20. Juni 1939

Fußball
Illustrierte Sportzeitung
Herausgeber Eugen Seybold

Neunundzwanzigster Jahrgang

20 Pf.
Monatlich 70 Pf. frei Haus

DIE SIEGER

Glückstrahlend, und mitten unter ihnen als erster Gratulant der Reichssportführer, Das ist der schöne Schlußakkord des End-spiels 1939. Von links: Kuzorra, Szepan, Gellesch, v. Tschammer und Osten, Berg, Urban; kniend: Schweißfurth, Bornemann, Tibulski, Eppenhoff.

Kalwitzkis Rekord

Der grandiose Sieg hatte mehrere Söhne, aber nur einen Vater. Ernst Kalwitzki trat für mindestens ein Spiel aus dem Schatten der Stars wie Kuzorra, Szepan oder Urban heraus und war der Held dieses Tages. Seine fünf Tore sollten eine Marke für die Ewigkeit sein. Nie wieder erzielte ein einziger Spieler so viele Treffer in einem Finale um die Deutsche Meisterschaft. Der 9:0-Sieg der Schalker gegen Admira Wien war das »größte« Spiel im Leben des Ernst Kalwitzki.

ter Triumph.« Die Journalisten-Kollegen aus Österreich druckten logischerweise bescheidenere Überschriften: »Schalke löscht Admira aus.« Oder: »90 Minuten schwache Admira, 9 kampflose Gegen-tore.«

Dass es überhaupt zu einer Partie zwischen Schalke und Admira kam, war die Schuld der Weltgeschichte. Am 11. März 1938 mar-

Eine Montage aus dem »Fußball« vom 20. Juni 1939 mit so mancher Merkwürdigkeit

Die Schalker Rangliste nach Meisterschaftsspielen in der Saison 1939:

1. Szepan – 87 Einsätze
2. Kuzorra – 79
3. O. Tibulski – 77
4. Bornemann – 68
5. Kalwitzki – 66
6. Gellesch – 52
7. Schweißfurth – 48
8. Urban – 46
9. H. Klodt – 44
10. Eppenhoff – 39
11. Valentin – 31
    Mellage – 31
13. Nattkämper – 30
14. Berg – 29
15. Hinz – 28
16. B. Klodt – 24
    Pörtgen – 24

schierte die deutsche Wehrmacht, ohne auf Widerstand zu stoßen, in Österreich ein. Damit war der »Anschluss« der Alpenrepublik an Deutschland vollzogen. Rund sechs Monate später kam das Sudetenland auch noch dazu.

Diese politische Umwälzung hatte natürlich auch Einfluss auf den Fußballbetrieb. Zusätzlich zu den 16 Regionalverbänden spielten nun die neuen Gaue Ostmark, mit dem Vertreter Sport-Klub Admira 1905 Wien, und das Sudetenland, mit seinem Meister Warnsdorfer Fußball-Klub, um den deutschen Titel mit.

Doch fast hätte es Schalke gar nicht bis ins Endspiel geschafft. Im Halbfinale wartete eine ganz harte Nuss auf den dreifachen Deutschen Meister – der Dresdner SC. Zu Beginn schien alles nach Plan zu laufen. Schalke führte gegen die Sachsen im Berliner Olympiastadion mit 2:0, nachdem Kuzorra und Kalwitzki binnen Minuten eine beruhigende Führung herausgeschossen hatten. Doch vielleicht fühlten sich die Schalker einfach zu sicher. Helmut Schön, der Star des DSC und spätere Weltmeistertrainer der deutschen Nationalmannschaft, verkürzte in der 35. Minute zum 1:2. Und nach der Pause schaffte Schaffer (50.) sogar den 2:2-Ausgleich. Als die Sachsen eine Viertelstunde vor Schluss mit 3:2 in Führung gingen, brach fast schon Panik unter den Schalkern aus. Zu frisch war noch die Erinnerung an das verpatzte Finale im Vorjahr, als sie gegen Hannover 96 auch eine Zwei-Tore-Führung leichtfertig verspielt und nach dem 3:3-Remis im Wiederholungsspiel den Niedersachsen 3:4 unterlegen hatten.

Doch auch diesmal im Juni 1939 reichte es für Schalke nur zu einem 3:3-Unentschieden. Der Ausgleich von Kalwitzki (77.) machte ein erneutes Spiel nötig. Dort aber hatte Schalke die Nase vorn. Eppenhoff und Kalwitzki ließen Dresden keine Chance, und das Finale gegen Wien war erreicht.

Schalkes Gegner Admira war vor dem Finale vom Pech verfolgt. Ihr Torhüter Platzer und der Verteidiger Schall wurden zu einem Länderspiel zwischen der Ostmark und Schlesien berufen. Die Bedeutung dieser Partie war schon im voraus umstritten, und die Berufung der beiden konnte niemand so richtig verstehen.

Unglücklicherweise wurden die beiden Admiraner in dem Auswahlspiel so schwer verletzt, dass sie nicht im Finale gegen Schalke am 18. Juni 1939 antreten konnten – eine wesentliche Schwächung der Wiener.

Schalke aber kannte keine Gnade. Der Torreigen begann schon in der siebten Minute. Kalwitzki brachte seine Schalker in Führung. Und spätestens nach diesem Treffer war die geringe Widerstandskraft der Österreicher bereits endgültig gebrochen.

Fünf Minuten später erhöhte Urban auf 2:0. Das Katz- und Maus-Spiel hatte längst begonnen. Und Kalwitzki hatte »Torhunger«. Noch vor der Pause traf der spätere Platzwart der Schalker Glückauf-Kampfbahn zweimal (25./30.). Die Partie war schon zur Halbzeit entschieden. Doch es sprach für die Schalker, dass sie in schweren, düsteren Zeiten den 100 000 Zuschauern etwas für ihr Eintrittsgeld bieten und ein wenig von den Alltagssorgen ablenken wollten. Das Scheibenschießen ging munter weiter. Tibulski (53.) verwandelte einen Foulelfmeter zum 5:0.

Und als ob das alles nicht schon furchtbar genug für die unterlegenen Wiener war, mussten sie ab der 59. Minute nur noch mit zehn Mann auskommen. Klacl flog nach einer groben Unsportlichkeit an Szepan vom Platz. Selbst die Chance zum Ehrentreffer ließen die Österreicher aus, als Stoiber per Strafstoß nur den Pfosten des Schalker Tores traf.

Schalkes Überlegenheit wurde mit zwei weiteren Treffern von Kalwitzki (61./80.) unterstrichen. Das Schwagerpaar Kuzorra (84.) und Szepan (89.) beendete den Traumnachmittag für Schalke mit dem achten und neunten Treffer.

Nicht nur das Endspiel, auch das Vorspiel begeisterte das Publikum. Denn auch zu diesem Zeitpunkt waren schon 100 000 Zuschauer im Stadion. 4:2 siegte die Schalker Jugendauswahl, und so mancher Name dieser Schülerelf mit einem Durchschnittsalter von 17 Jahren sollte auch bei den »Großen« noch von sich reden machen. In der Schalker Mannschaft standen: Bentsch, Gabriel, Lichtner, Füller, Dargaschewski, Burdenski, Schrader, Barufka und Schuh.

21. Juli 1940

FC Schalke 04 – Dresdner SC 1:0

»Ötte« meldet Schön ab

Außenläufer Bernhard Füller (Mitte) an der Seite von Ernst Kalwitzki (rechts); links der Dresdner Walter Dzur

Spätestens seit dem 1. September 1939 war die Welt nicht mehr in Ordnung. Der Globus stand teilweise in Flammen, und die Menschen konnten nur hoffen, dass das Inferno bald vorüber sein würde. Es war Krieg.

In diesen traurigen und schlimmen Tagen hatte der Fußball eine gewisse Trostfunktion übernommen. In den 90 Spielminuten ver-

suchten nicht nur Fußballfreunde, sondern auch Funktionäre und Spieler das Leid, das letztlich alle betraf, ein wenig zu verdrängen, zu vergessen.

So war es schön, dass der Fußballbetrieb in diesen Kriegszeiten fast planmäßig fortgeführt wurde. Die Meisterschaft 1940 war in vollem Gange.

Viele Fußballfreunde hofften auf das Traumfinale zwischen dem Titelverteidiger Schalke 04 und dem Ostmark-Vertreter Rapid Wien. Doch der Außenseiter Dresdner SC machte den Träumen der Fans einen dicken Strich durch die Rechnung.

Beim Halbfinalspiel im Wiener Prater-Stadion schafften die Sachsen eine dicke Sensation. Sogar die frühe Führung der Österreicher durch Binder konnte die Dresdner in ihrem Selbstbewusstsein nicht verletzen. Nach einer Stunde glich DSC-Star Hofmann aus. Das Spiel ging in die Verlängerung und wurde durch einen Torwartfehler entschieden. Wiens Schlussmann Raftl warf sich einen Ball fast selbst ins Tor. Dresden siegte beim Favoriten mit 2:1 und traf wie im Halbfinale von 1939 wieder auf den FC Schalke 04.

Die Gelsenkirchener hatten im Halbfinale gegen den SV Waldhof mehr Mühe als erhofft. Die Außenseiter aus Baden gingen überraschend nach 26 Minuten mit 1:0 in Führung. Aber wie so oft folgte ein kurzer Zwischenspurt der »Zwillinge« Kuzorra und Szepan. Sie machten bis zur 40. Minute aus dem Rückstand eine

Kalwitzki, der später das entscheidende Tor schoss, scheitert hier am Dresdner Schlussmann Willibald Kreß.

2:1-Führung. Den Schlusspunkt zur Finalteilnahme setzte Schuh eine Viertelstunde vor dem Abpfiff mit dem 3:1.

Schalke hatte zum siebten Mal das Meisterschaftsendspiel erreicht. Es war aber auch ein erneuter Sieg der Schalker Erfahrung über die Jugend der Waldhof-Buben.

Der Krieg hatte großen Einfluss auf die Aufstellung der Schalker. Zwei königsblaue Stars waren an der Kriegsfront und konnten deshalb nicht gegen die Sachsen am 21. Juli 1940 eingesetzt werden. Es fehlten Adolf Urban und Rudi Gellesch – ein schwerer Verlust für die Knappen.

Aber trotz der Schwächung der Schalker waren die Finalneulinge aus Dresden gegen den Abonnementsmeister sehr vorsichtig. Sie suchten den Erfolg aus einer massiven Deckung heraus. Diese kraftraubende Spielweise sollte in diesem Finale die falsche Taktik sein.

Denn die brütende Hitze über Deutschland an diesem 21. Juli 1940 machte ein kampfbetontes Spiel kaum möglich. Das bloße Zuschauen allein ließ bei den Fußballfreunden Schweiß fließen. Im

*Helmut Schön in den
dreißiger Jahren*

Schön – ein Star auch ohne Mütze

Helmut Schöns Karriere als Bundestrainer (1962 –1978) ist vielen Fußball-fans bekannt. Der lange Dresdner wurde 1966 in England Vizeweltmeister, Dritter in Mexiko (1970) und krönte seine Fußballlehrer-Karriere mit dem WM-Sieg 1974 im eigenen Land. 1972 gewann er noch dazu die Europa-meisterschaft.
Doch seine Laufbahn als aktiver Fußballer kennen nur wenige, was für den Erfolgscoach zeitlebens nie ein wirkliches Problem war. Schön: »Das vergänglichste im Leben ist der Ruhm. Die sportlichen Siege liegen ja auch fast ein Menschenleben zurück. Da kann man niemandem ernstlich böse sein.« Der Dirigent im Dresdner Mittelfeld wurde zweimal mit seinem DSC Deutscher Meister. 1943 schlugen die Sachsen den FV Saarbrücken mit 3:0. Ein Jahr später siegte Schöns Mannschaft mit 4:0 gegen den LSV Hamburg. »An das 4:0 erinnere ich mich ganz besonders gern. In jenem Spiel machte ich sogar ein Tor. Das war das Sahnehäubchen auf dem Triumph.« Ein dritter Erfolg blieb ihm 1940 versagt. Gegen eine starke Schalker Mann-schaft hatte Dresden keine Chance. Schön: »Wir waren damals viel zu ängstlich und zu defensiv.«

Olympiastadion wurden an die 45 Grad Celsius gemessen. Tropische Bedingungen für ein Fußballspiel in Mitteleuropa. Die Schalker waren auf diese widrigen klimatischen Umstände aber exzellent eingestellt. Riesengroße, mit Wasser und Eiswürfeln gefüllte Kübel standen am Spielfeldrand. Ehrenamtliche Helfer waren mit Schwämmen und Handtüchern bewaffnet, um den überhitzten Fußballern Linderung zu verschaffen.

Schlüsselspieler bei Schalke war der kleine Otto Tibulski. Er wurde auf den Dresdner Spielgestalter Schön angesetzt und schaltete ihn vollkommen aus. Nebenbei trieb der emsige Mittelläufer auch noch das Schalker Spiel an. »Ötte«, wie ihn die Mitspieler nannten, war der Erfolgsgarant beim Sieg über die Sachsen.

Fangarme wie eine Krake besaß DSC-Keeper Kreß. Egal, wohin der Ball auch geschossen wurde, Kreß bekam einen Arm, eine Hand, einen Finger oder einen Fuß dazwischen. Nur beim Siegtor der Schalker sah der Nationaltorhüter und Nachfolger des legendären Stuhlfauth gar nicht gut aus: Kalwitzki stürmte in den Strafraum, umspielte Dzur und steuerte in hohem Tempo auf das Tor zu. Kreß sprang dem Schalker mutig entgegen, verschätzte sich aber und fiel ins Leere. Somit war es für »Kalli« kein Problem mehr, die Führung zu erzielen. Der hinterher fliegende Verteidiger Hempel konnte die Kugel auch nicht mehr abwehren.

Der fünfte Titel für die Schalker war unter Dach und Fach. Die offensivere Spielweise der Knappen hatte sich in der sengenden Hitze von Berlin als die geeignetere Taktik erwiesen.

Der Held schlief ein

Auch die Siegesfeier wurde zu einem vollen Erfolg. Immer wieder musste »Kalli« Kalwitzki seinen Treffer gegen Kreß den Mitspielern und Freunden des Klubs beschreiben. Wobei das Rollenspiel der beiden beteiligten Akteure, Torwart und Schütze, »Kalli« von Minute zu Minute schwerer fiel. Der Glückliche musste der »dritten« Halbzeit nun doch Tribut zollen. Das Spiel, die Hitze, die Freude und natürlich die Siegesgetränke hatten den Torjäger endgültig besiegt. Der »Bomber vom Dienst« schlief seelenruhig und zufrieden auf dem Sofa ein, während seine Mannschaftskameraden den Erfolg weiter feierten.

5. Juli 1942

FC Schalke 04 – First Vienna Wien 2:0

Geglückte Wiedergutmachung – aber Kuzorra ahnt Böses ...

Die Jubelstimmung war auf dem Höhepunkt angelangt. Schalkes Spieler feierten ausgiebig den 2:0-Erfolg über Vienna Wien. Der sechste Meistertitel für Königsblau war perfekt. Doch zwei Schalker hatten sich von der jubelnden Gruppe abgesondert und steckten in einer ruhigen Ecke die Köpfe zusammen.

Es waren die Strategen, die Denker und Lenker des Schalker Spiels. Es waren Ernst Kuzorra und Fritz Szepan. Die beiden Ausnahmeakteure diskutierten in der Stunde ihres neuerlichen Triumphes bereits die Chancen auf weitere Erfolge für Schalke.

»Ich weiß nicht, Fritz«, sagte Kuzorra, »ich habe so ein merkwürdiges Gefühl, dass dieser Erfolg der letzte für viele Jahre gewesen ist.«

Der Kopf der Schalker hatte nicht nur auf dem Fußballfeld das magische Auge, auch seine Voraussagen trafen fast immer zu. Was in diesem Moment noch keiner ahnte: So eine Meisterfeier sollte es für die erfolgsverwöhnten Gelsenkirchener 16 Jahre lang nicht mehr geben. Nach zehn fetten Jahren mit sechs Meisterschaften, neun Finalteilnahmen und einem Pokalerfolg begann genau nach dem Abpfiff im Berliner Olympiastadion die Dürreperiode der Knappen.

Doch warum nur diese grauen Gedanken? Vielleicht weil das Startandem mit 36 (Kuzorra) und 34 Jahren (Szepan) das Rentenalter von Fußballern erreicht hatte. Vielleicht aber auch, weil die Schmach aus dem Vorjahr einfach nicht aus den Köpfen zu verdrängen war. Im Endspiel des Jahres 1941 hatten sich zur Freude der

*Wehrmachtsangehörige
kamen 1942 billiger
ins Stadion zur
Deutschen Fußball-
Kriegsmeisterschaft*

politischen Machthaber Schalke, die Übermannschaft des Westens,
und die Wunderspieler des Ostens, Rapid Wien, gegenüber gestanden. Die achte Finalteilnahme sollte zu einer sportlichen Katastro-
phe für die Westfalen ausarten, obwohl man an jenem 22. Juni
1941 nach den Treffern von Eppenhoff (2) und Hinz schon mit
3:0 geführt hatte.

Aber die Österreicher schafften die Sensation, drehten das Spiel noch um und gewannen am Ende mit 4:3. Schalke hatte sich bis auf die Knochen blamiert und vermutete »Schiebung« durch den Schiedsrichter. Denn aus politischen Gründen passte der erste Erfolg einer großdeutschen Mannschaft sehr gut in das Konzept der politischen Drahtzieher jener Zeit.

So stand am 5. Juli die Finalausgabe des Jahres 1942 als Wiedergutmachung für die Niederlage gegen Rapid auf dem Programm. Da kam mit Vienna Wien ein österreichisches Team und der Lokalrivale von Rapid gerade recht.

Schalke legt los wie die Feuerwehr. Die 90 000 Zuschauer spüren, dass es in dieser Begegnung keine Überraschung wie im Vorjahr geben wird. Zu konzentriert, zu bissig erfüllen die Westdeutschen ihre Aufgaben auf dem Rasen.

Schalker Jubel in Berlin: Am Boden freut sich Szepan über seinen Treffer zum 2:0 gegen Wien, Urban kommt zur Gratulation. Seine Brust »ziert« das Erkennungszeichen der Spieler in den Kriegszeiten seit 1939 – Soldat in der Wehrmacht.

Die Fußball-Woche

Amtliches Organ des NS.-Reichsbundes für Leibesübungen in Berlin/Brandenburg, Norddeutschland und Westdeutschland
Deutscher Sport-Verlag, Berlin C2, Magazinstr. 15-16 / Fernsprecher: 520019 / Hauptschriftleiter: E. Werner, Berlin C 2

Schalkes 6te Meisterschaft
Nürnbergs Rekord erreicht!
2:0, ein knapper, aber sicherer Sieg
Schalkes Plus an Endspielerfahrung hat den Ausschlag gegeben

Die Schlagzeile aus der »Fußball-Woche« vom 6. Juli 1942

Schon in der ersten Halbzeit fällt die Entscheidung zugunsten von Schalke. Erst bringt Kalwitzki in der 14. Minute seine Mannschaft in Führung, dann sorgt Szepan mit dem 2:0 für die Vorentscheidung. In der zweiten Halbzeit hat Vienna nicht die Klasse und die Kraft, gegen die Topmannschaft des letzten Jahrzehnts wieder ins Spiel zu kommen. Die Viktoria geht aus dem Trophäenraum von Vorjahressieger Rapid wieder an seinen mittlerweile gewohnten Platz nach Gelsenkirchen zurück.

In den nächsten Tagen waren die Zeitungen voll des Lobes: »Schalke, der gestürzte Monarch in Himmelblau, erobert sich seine Krone zurück.« Oder: »Schalke, die verschworene Kameradschaft hervorragender Spielerpersönlichkeiten, verwirklicht in vollendeter Weise den im Sockel der Viktoria eingravierten Leitspruch: Elf Freunde müsst ihr sein, wenn ihr Siege wollt erringen.«

Mit dem Erfolg hatte Schalke zum Rekordsieger 1. FC Nürnberg aufgeschlossen. Beide Kontrahenten und Spitzenmannschaften der letzten Jahre hatten jeweils sechs Meistertitel gesammelt. Schalke 04 war endgültig zum Mythos geworden.

Für die beiden Spieler Kuzorra und Szepan, die sich noch während der Meisterfeier im Sommer 1942 über die Zukunft Gedanken machten, war im Jahr 1948 Schluss. Am 12. November 1950 – im Spiel gegen die brasilianische Toptruppe aus Belo Horizonte – verabschiedete sich das vielleicht beste Tandem der Fußballgeschichte vom aktiven Sport.

Ernst Kuzorra leitete noch jahrelang einen Tabakwarenladen im Herzen von Schalke. Der geniale Spielmacher war lange im Vorstand des Klubs und wurde später zum Ehrenvorsitzenden und Ehrenbürger der Stadt Gelsenkirchen ernannt.

Fritz Szepan war ein wirklicher Dauerbrenner. Von 1916 bis 1950 spielte er 34 Jahre nur für Schalke. Der Techniker und Taktiker trainierte von 1950 bis 1954 die erste Mannschaft seines Klubs und gewann 1955 mit Rot-Weiss Essen eine weitere Deutsche Meisterschaft.

Schalke 04, für lange Jahre im Dornröschenschlaf, sollte erst viel später wieder wachgeküsst werden.

In seiner letzten Ausgabe vor Kriegsende meldet der »Kicker« vom 26. September 1944: »An allen Fronten Nationalspieler vornean!« und schreibt in der Bildunterschrift: »Unter den gefallenen Nationalspielern ist Urban (rechts) der erfolgreichste Stürmer gewesen. 21mal stand er in unserer Nationalelf ...« Urban war damals schon über ein Jahr tot – gefallen am 23. Mai 1943, zehn Monate nach dem letzten Schalker Triumph.

63

18. Mai 1958

FC Schalke 04 – Hamburger SV 3:0

Berni Klodt und die Momente des Glücks

Auf Schalke erzählte man sich in jenen Tagen einen Kalauer: »Das mit der Meisterschaft ist so wie mit dem Bus. Du stehst zwar an der Haltestelle, aber wenn Du nicht im richtigen Moment zusteigst, verpasst Du ihn jedes Mal.«

Die Finalisten von 1958 hatten lange an der Haltestelle gewartet. Schon 16 Jahre fieberte der FC Schalke 04 nun bereits dem nächsten Titel entgegen. Der Hamburger SV sogar schon 30 Jahre. Für einen, das war sicher, sollte die lange Zeit des Wartens an diesem 18. Mai endlich vorüber sein.

Das spannendste Drama spielte sich schon vor dem Anpfiff ab, denn Schalke hatte große Aufstellungssorgen. Das Problem hieß Berni Klodt: Der Kapitän weigerte sich, gegen den HSV anzutreten. »Die Familie geht vor. Dann verzichte ich eben auf meinen Einsatz«, beendete der Familienmensch Klodt die Diskussion um sein Auflaufen. Klodts Frau Anette lag da noch hochschwanger in Gelsenkirchen, und Berni, von Gewissensbissen geplagt, entschied, zurück in den Westen zu fahren. Da halfen auch die Überredungskünste der Kollegen Orzessek, Laszig und Siebert nicht. Klodt hatte sich entschieden und wollte das größte Spiel der Schalker seit sehr langer Zeit einfach sausen lassen.

Im Visier der Fotografen: Berni Klodt zeigt die begehrte »Salatschüssel«, links neben ihm Laszig und Koslowski, rechts Trainer Frühwirt, Siebert und Karnhof, kniend Sadlowski (links) und Orzessek.

Selten haben sich wildfremde Menschen so über einen neuen Stammhalter gefreut. Denn zum Glück für Klodt und ganz Schalke kam die freudige Botschaft noch kurz vor dem Anpfiff. Der torgefährliche Stürmer war auf einmal wieder beruhigt und beschloss spontan: »Ich spiele doch.«

Die Nachricht verbreitete sich wie ein Lauffeuer. Auch beim Gegner Hamburger SV bekam man von der neuerlichen Entwicklung Wind. Doch dort ahnte zu diesem Zeitpunkt kaum einer, was diese Nachricht für die Hamburger in diesem Finale bedeuten sollte.

Den nächsten Erfolg feiert Schalke schon, als das Spiel immer noch nicht freigegeben ist: der Gewinn der Seitenwahl. Darauf haben sie natürlich gehofft, denn so muss der HSV in der ersten Halbzeit gegen den starken Wind ankämpfen.

Doch die Hamburger sind solche Wetterverhältnisse gewohnt und greifen mutig an. In der ersten Minute kommt Kreuz frei zum Schuss, doch der Ball geht knapp am Schalker Tor vorbei. Keine Minute später erzwingt Uwe Seeler die erste Ecke für seine Mannschaft und lässt den mitgereisten Anhang erstmals aufschreien.

Erst jetzt wird Schalke wach und startet selbst einen Angriff, der auch prompt das erste Tor bringt: Mittelstürmer Siebert ist über rechts durchgebrochen, seine präzise Flanke kommt genau vor das HSV-Tor, und plötzlich fliegt Klodt heran. Ausgerechnet Klodt! Der junge, frischgebackene Vater lässt Weltmeister Posipal keine Chance, ist schneller am Ball und erzielt bereits nach sechs Spielminuten das 1:0 für seine Königsblauen.

Aber der HSV ist nur kurz geschockt und lässt sich trotz des frühen und plötzlichen Rückstands nicht entmutigen. Krug hat eine

Die Mannschaft, die den Einzug ins Finale 1958 erkämpfte, von links: Karnhof, Koslowski, Borutta, Sadlowski, Kördell, Soya (für den im Endspiel Kreuz eingesetzt war), Siebert, Brocker, Laszig, Orzessek, Klodt

Keine Chance für HSV-Angreifer Piechowiak, Torhüter Orzessek ist schneller am Ball, Brocker (rechts) braucht nicht mehr einzugreifen.

gute Einschusschance, schickt den Ball allerdings gut zwei Meter über das Tor.

»Wir hatten in dieser Phase versäumt, mit einem Tor wieder ins Spiel zu kommen«, erinnert sich Uwe Seeler heute noch an die Begegnung. »So aber haben wir Schalke eigentlich nur stark gemacht.«

Das merken auch die Zuschauer. Denn je länger das Finale andauert, desto klarer wird Schalkes Überlegenheit. Die Gelsenkirchener sind einfach schneller und spritziger. Sie gewinnen die meisten Zweikämpfe, weil sie einfach immer einen Tick früher am Ball sind.

Die Taktik der Schalker ist einfach, aber dafür um so erfolgreicher. Die Außen schicken die Stürmer immer wieder mit Steilpässen in Richtung Tor der Hanseaten, die meist nur zuschauen können. Besonders Piechowiak fehlt dem HSV in der Abwehr, weil er für den verletzten Dieter Seeler im Sturm spielen muss. Diese Umstellung reißt eine entscheidende Lücke in die Defensive der Norddeutschen.

Da kann der emsige Uwe Seeler noch so viel laufen. »Irgendwie haben wir gemerkt, dass nicht viel ging an diesem Tag«, sagt der

Die Einzelkritik anno 1958

Auch schon im Jahre 1958 gab es in den Boulevardblättern Einzelkritiken für die Spieler. Hier die Beurteilung aus der *BILD-Zeitung* vom 19. Mai 1958. Die Schalker Meistermannschaft.

ORZESSEK: Fast ohne Fehler. Sicher auf der Linie. Initiative in der Strafraumbeherrschung.

SADLOWSKI: Stärker als zuletzt gegen Karlsruhe. Erst als es 3:0 stand, unternahm er einen seiner berühmten Ausflüge in den gegnerischen Strafraum.

BROCKER: Sicher, ruhig, bissig. Ging Krug nicht von der Seite.

BORUTTA: Ein feiner, umsichtiger, ruhiger Außenläufer. Aber in der Defensive längst nicht so stark wie sein Mitspieler Karnhoff.

LASZIG: Ein bemerkenswert ruhiger und sicherer, harter Mittelläufer.

KARNHOF: Eine Perle der Schalke-Mannschaft. Ein unerhört tüchtiger Außenläufer.

KOSLOWSKI: Techniker, Dribbler. Spielte mehrfach unfair.

KÖRDELL: Ein unauffälliger, aber doch sehr wertvoller Spieler. Tat sehr viel für den Aufbau.

SIEBERT: Gegen ihn hatte Posipal einen schweren Stand. Dauernd brach er auf die Flügel aus, gab maßgerechte Vorlagen und spielte sehr mannschaftsdienlich.

KREUZ: Sein Tor, das dritte, zeigte wieder seine Gefährlichkeit. Ein Mann, der mit dem Ball umzugehen weiß und der zu Recht dem wiederhergestellten Soya vorgezogen wurde.

KLODT: Der Sieger von Hannover! Sein erstes Tor brachte Ruhe in die Mannschaft. Sein zweiter Treffer bedeutete den deutschen Meistertitel. Ein Unruhestifter erster Güte! Ein brillanter und pfeilschneller Spieler, der in dieser Form unbedingt in die deutsche Nationalmannschaft gehört.

Ehrenspielführer heute und gibt Einblick in seine damalige Gemütsverfassung: »Das konnte doch gar nicht wahr sein. Bloß nicht noch ein Finale verlieren. Ich denke, jeder von uns hatte in diesen Minuten diese Angst im Kopf.« Immerhin war der HSV im Endspiel des Vorjahres mit 1:4 an Borussia Dortmund gescheitert.

Jetzt scheitern sie an Schalke. Oder besser gesagt: Sie scheitern an Klodt. In der 28. Minute flankt erneut Siebert von der rechten Seite. Koslowski nimmt den Pass auf und spielt blitzschnell in den Lauf von Klodt. Ein Flachschuss und das 2:0 ist perfekt.

Mit hängenden Köpfen stehen die Hamburger auf dem Platz. Nur zuschauen dürfen sie bei der Fußball-Gala des jungen Vaters.

Wunderschön umkurvt der Schalker Kapitän gleich drei Gegenspieler, legt flach weiter auf Kördell, aber diesmal fliegt der Ball Zentimeter am rechten Torpfosten vorbei. Noch zweimal bedroht Klodt das Tor der Hamburger, aber beide Chancen kann Torhüter Schoor im letzten Moment vereiteln.

Dann ist Halbzeitpause. Und auch nach den exakt 16 Minuten in der Umkleidekabine läuft das Spiel vorerst seinen gewohnten Gang. Kördell lässt Werner wie einen Schüler einfach stehen und holt die dritte Schalker Ecke heraus. Klodts Gewaltschuss kann gerade noch zum nächsten Eckball abgewehrt werden. Der HSV steht

Mitgereiste Schalke-Anhänger stürmen das Niedersachsenstadion.

unter Dauerdruck und versucht zumindest einmal einen Entlas-
tungsangriff. Doch Werners Schuss wird locker von Schalkes Keeper Orzessek aufgenommen.

Vielleicht hätte der HSV die Partie noch drehen können, wenn
Krug nicht 20 Minuten vor Spielende den Ball völlig freistehend in
die Wolken befördert hätte. Abwehrchef Posipal war zu diesem
Zeitpunkt längst in den Sturm gerückt, Piechowiak ging für ihn in
die Defensive.

Die endgültige Entscheidung fällt in der 80. Minute und wird –
natürlich – von Klodt eingeleitet. Der Kapitän dribbelt durch die
halbe HSV-Abwehr und spielt den Ball zu Kreuz, der sich blitzschnell
um die eigene Achse dreht und das Leder flach ins Netz schiebt.

Der Jubel bei den Schalker Spielern und Fans ist grenzenlos.
Dieses 3:0 lässt tausende Steine von den Herzen purzeln. Schalke
04 hat es geschafft, hat endlich seine siebte Deutsche Meisterschaft
unter Dach und Fach.

In der Schalke-Kabine steht Trainer Edi Frühwirt und kann seine
Emotionen kaum noch kontrollieren. Dicke Tränen fließen dem
Coach ungebremst über die Wangen. Als er endlich jeden Spieler
einzeln umarmt hat, dankt er ihnen mit belegter, aber glücklicher
Stimme. Währenddessen lassen die Spieler mit einem schelmischen
Lächeln den großen Meisterteller umher wandern. Fast ungläubig
streicht Klodt über das Metall, als könne er sein zweites Glück an
diesem Tag kaum fassen.

Borussia Mönchengladbach – FC Schalke 04 11:0

Moral und Einstellung in der Niederlage

Kann man den 7. Januar 1967 zu den herausragenden Geschichten der Schalker Vereinsgeschichte zählen? Immerhin dreht es sich hier nicht um einen grandiosen Sieg, ein großartiges Spiel oder eine herausragende Leistung. Im Gegenteil. Die Rede ist von Schalkes höchster Niederlage aller Zeiten. Dennoch: Es ist immerhin eine wirklich außergewöhnliche Story der Schalker Vereinsgeschichte ist, und zudem wurde Schalke an diesem Tag von den Beobachtern dennoch ein moralischer Erfolg attestiert.

Wer nicht dabei war, glaubte zunächst sich verhört oder verlesen zu haben. 11:0 – das kann doch nicht stimmen. Am 7. Januar 1967 war das Unglaubliche passiert. Es waren elf Tore in einer Bundesligapartie gefallen – und alle hatte nur eine einzige Mannschaft geschossen.

Eine Bundesligasensation! Borussia Mönchengladbach erwischte Schalke 04 kalt und erteilte den Königsblauen auf dem schneebedeckten Rasen des Bökelberg-Stadions eine der bittersten Lehrstunden.

Die Erwartungshaltung der 18 000 Zuschauer war damals nicht besonders hoch. Beim Hinspiel, der Auftakt der Saison 1966/67, trennten sich beide Mannschaften mit einem torlosen Unentschieden. Auch für das Rückspiel war angesichts der gefürchteten Schalker Abwehr mit den Defensivkünstlern Klaus Fichtel und Friedel Rausch nicht viele Treffer vorherzusehen.

Die Temperaturen an diesem ersten Spieltag der Rückrunde bewegten sich konstant um den Gefrierpunkt. Schalkes Torhüter Jupp

Elting machte sich besonders gründlich warm. Der Schlussmann stand auf dem Prüfstand. Er wurde seinem Konkurrenten Norbert Nigbur vorgezogen und musste allen Skeptikern beweisen, dass er der bessere Torhüter sei. Doch es sollte der schwärzeste Tag seiner Karriere werden.

Nach nur sieben Minuten lag der Ball schon zum ersten Mal im Netz. Ein Freistoß von Günter Netzer, wie so oft platziert geschossen, flog aufs Tor. Elting faustete den Schuss aus dem Strafraum, doch den Nachschuss von Rupp konnte er nicht mehr stoppen. Die Kugel flog über die gesamte Schalker Abwehr und den Keeper hinweg zum 1:0 der Gladbacher ins Tor.

Schalke reagierte panisch, Gladbach spielte eiskalt weiter, überbrückte geschickt mit langen Pässen das Mittelfeld und schaffte in der 21. Minute das 2:0. Elting wehrte einen Fallrückzieher von Laumen noch ab. Aber beim Nachschuss von Rupp war er zum zweiten Mal geschlagen.

»Schon beim zweiten Treffer hatte ich eine ganz merkwürdige Ahnung, dass wir heute eine besondere Bundesligabegegnung erleben«, sagte Gladbachs Coach Hennes Weisweiler nach dem Abpfiff.

Beinahe im Zehn-Minuten-Takt schlugen die »Fohlen« weiter zu. Laumen machte das 3:0 (30.), Rupp (41.) das 4:0. Die Schalker Spieler merkten schnell, dass an diesem Tag schon früh alles verloren war.

Dennoch jagten sie auch weiterhin hinter jedem Ball her, gingen in die Zweikämpfe und verhielten sich trotz großem Rückstand so fair, dass sogar die Gladbacher Anhänger die Gäste für ihre sportliche Einstellung mit Beifall belohnten.

»Bei einer solchen schlimmen Schlappe immer anständig zu bleiben, das ist bestimmt sehr schwer«, lobte auch Borussias Mittelstürmer Jupp Heynckes die unterlegene Mannschaft.

Trotzdem ging das »Scheibenschießen« munter weiter. Schon 100 Sekunden nach Wiederanpfiff zappelte das Leder zum fünften Mal im Schalker Netz. Diesmal hatte Netzer getroffen. Dann ging es Schlag auf Schlag. Das 6:0 durch Laumen (57.), 7:0 durch Rupp

Ein Bild, das für eine ganze Begegnung steht: die Einsamkeit des Tormannes Jupp Elting bei elf Gegentreffern in einer trostlosen Schneepartie. (HM)

(61.), 8:0 wieder Netzer (67.), 9:0 nochmal Laumen (70.) und die beiden letzten Treffer durch Heynckes (85., 90.).

Der damals höchste Bundesligasieg bedeutete für Schalke einen traurigen Rekord.

»So etwas habe ich noch nie erlebt«, erinnert sich der Schalker Friedel Rausch. »Gladbach war wie im Rausch. Und bei uns lief alles durcheinander. Wenn man ehrlich gewesen wäre, hätten wir auch gar nicht antreten brauchen. Denn an diesem Tag hatte keiner unserer Spieler überhaupt Sinn für Fußball.«

Die Gedanken der Schalker Spieler waren nämlich bei Mitspieler Manfred Kreuz. Der Stürmer fehlte in Gladbach, da seine Frau Rosemarie kurz zuvor verstorben war. Friedel Rausch: »Dieses Unglück hat uns alle unglaublich mitgenommen. Wir haben in der Kabine vor dem Spiel über nichts anderes gesprochen. Einige standen regelrecht unter Schock.« Was er damit meinte, hatten die Zuschauer auf dem Bökelberg zuvor gesehen. Selten hat eine Mannschaft sportlich ein solches Desaster erlebt. Aber auch selten hatte sie in der Niederlage so viel für das eigene Image tun können. Keine Fouls, kein Reklamieren, kein hässliches Wort. Schalke zeigte auch in einer seiner schwersten Stunden, wie sich ein großer Verein verhalten sollte. Und bekam abschließendes Lob von Trainerlegende Weisweiler: »Ich habe von dem Todesfall erst später erfahren und verstand danach erst, was sich auf dem Rasen wirklich abgespielt hat. Seitdem ziehe ich meinen Hut vor der Moral und Einstellung dieser geschlagenen Mannschaft, denn trotz der Torflut haben sich die Schalker wirklich hoch anständig verhalten.«

Trainer Langners Erklärung

Nach dem Debakel stand Schalkes Trainer Fritz Langner weiter im Mittelpunkt der Kritik. Immer wieder wurde der Coach von den Reportern gefragt: »Warum haben Sie nicht Norbert Nigbur ins Tor gestellt?« Der Trainer, dem schon vor der Partie eigentlich klar war, welches Risiko er leichtfertig mit dem Torwartwechsel eingehen würde, verteidigte seine Entscheidung auf ungewöhnliche Weise: »Ich bin eigentlich ganz froh, dass Jupp im Tor stand. So konnte ich Norbert dieses nervliche Debakel ersparen.« Auch wenn Langner der Rauswurf nach dem Debakel erspart blieb, flog er einige Wochen nach Saisonende 1967.

Borussia Dortmund – FC Schalke 04 1:1

Der legendäre Hundebiss

Das Foto ging um die Welt. Es ist ein Stück Bundesligage-
schichte und zeigt unzählige Menschen, einige in Fußball-
hemden, andere in Anzügen oder T-Shirts. Sie stehen in einem
unübersichtlichen Gewühl zusammen, als würden sie beim Som-
merschlussverkauf auf Schnäppchenjagd gehen. Zwischen den aufgeregt umherlaufenden Zuschauern und Ordnern mit Hunden
sieht man einen jungen Mann, der mit aufgerissenem Mund einen
wohl markerschütternden Schrei ausstößt. Gleich hinter ihm ist ein
deutscher Schäferhund zu sehen. Ein anderer Fußballer im königs-

*Schalkes Trainer
Rudi Gutendorf
(rechts) am Spielfeld-
rand mit BvB-Kollege
Lindemann (HM)*

blauen Trikot hält sich den linken Oberschenkel. Ein Schauspiel der besonderen Art – aber Schalke war auch bei diesem Durcheinander mittendrin.

Die Szene, die sich an diesem 6. September 1969 im Dortmunder Stadion Rote Erde abspielte, hat noch heute einen festen Platz in der Geschichte des deutschen Fußballs. Es war mal wieder Derby-Tag. Die Ruhrpott-Rivalen trafen sich, um den wahren Meister im Revier zu küren. Wie immer waren schon Stunden vorher alle Anfahrtswege verstopft, der Verkehr brach zusammen. Auf dem Schwarzmarkt waren Eintrittskarten selten und kostspielig. Die Ordnungskräfte wollten mit einer großen Strategie die blau-weißen und die schwarz-gelben Anhänger voneinander trennen. Eigentlich war alles wieder einmal so, wie man es bei einem Derby erwartete.

Auch Ehrengast und Wirtschaftsminister Professor Karl Schiller hatte es schwer, pünktlich im Stadion zu sein. Schließlich wollte es sich der Politiker vor dem Anpfiff nicht nehmen lassen, den Schalkern viel Glück zu wünschen. So marschierte er also begleitet von vier Bodyguards schnurstracks in die Kabine der Gäste.

Doch Schiller hatte die Rechnung ohne Schalkes Trainer Rudi Gutendorf gemacht. Der Fußballlehrer verlor kurz vor der brisanten Partie gegen den Erzrivalen völlig die Nerven und brüllte nur: »Ausgerechnet jetzt, Herr Minister, wo ich gerade die letzten taktischen Maßnahmen bespreche?« Mit diesen Worten warf »Riegel-Rudi« einen der größten deutschen Staatsmänner dieser Jahre im hohen Bogen aus der Schalker Umkleidekabine. Schiller kletterte enttäuscht auf die Ehrentribüne zurück und Gutendorf wandte sich seinen Spielern zu.

Die 46. Auflage des Duells beginnt. Schalke tritt mit einer 4-2-4-Formation auf, Dortmund beantwortet diese taktische Variante mit einem 4-3-3. Schon nach sieben Minuten könnte die Partie 1:1 stehen. Dortmunds Mittelfeldmann Schütz steht plötzlich allein vor dem Schalker Gehäuse, doch er schießt am Tor vorbei. Sechzig Sekunden später macht es der Schalker Neuser auch nicht besser. Rudi Gutendorf rennt mittlerweile neben seiner Bank hin und her.

*Tumult in Dortmund,
überschäumende Freude
der Schalker Fans –
und dann der legendäre
Hundebiss. Friedel
Rausch schreit. Nach
15 Minuten ist der Spuk
vorbei. (HM)*

Bunter Hund

Er hielt für Schalke selbst den Allerwertesten hin ... Durch den legendären Hundebiss in Dortmund ist Friedel Rausch berühmt geworden. Aber der Lebenslauf von Rausch ist ähnlich bunt und spektakulär wie der Unfall im Stadion Rote Erde.

Der gebürtige Duisburger (Jahrgang 1940) absolvierte für den FC Schalke 04 (1963–1971) 170 Bundesligaspiele und erzielte als Verteidiger sechs Tore. Als Trainer begann Rausch auch auf Schalke (1977–1979) und gewann mit Eintracht Frankfurt 1980 den UEFA Cup. Dann ging seine Reise in die Türkei (1980–1982) zu Fenerbahce Istanbul. Über Maastricht (1982–1983), Saloniki (1983–1984) kam er nach Luzern (1985–1992) und holte mit dem Schweizer Erstligisten den Landestitel und Pokal. Ein Jahr lang trainierte er den FC Basel (1992–1993) und wechselte dann nach Kaiserslautern (1993–1996). Danach führte ihn sein Weg von Linz (1996–1998) über Mönchengladbach (1998) nach Nürnberg (1998–2000). 2001 ging er zurück zur alten Wirkungsstätte Eintracht Frankfurt.

Bei Neusers Fehlschuss ist er nicht mehr zu halten und schreit: »So ein Ärger. Dieses Tor hätte ich mit Gold bezahlt.«

Das Derby zwischen den verfeindeten Ruhrpott-Teams wird mehr und mehr zu einer reinen Nervensache. Und das erscheint als Vorteil für Schalke. Denn nach 30 Minuten hat Gutendorf endlich Grund zu großer Freude: Schalkes Stürmerstar Pirkner zieht aus spitzem Winkel ab und erzielt die 1:0-Führung im Hexenkessel von Dortmund. Was für ein Jubel! Auf dem Feld liegen sich die Schalker Spieler in den Armen, als wäre die Partie bereits beendet. Und auch auf den Rängen kennt der Jubel keine Grenzen.

Aber einige der Anhänger wollen plötzlich ihre Freude mit ihren Lieblingen teilen und stürmen auf das Fußballfeld. Das ist für Dortmunds Ordnungskräfte zuviel. Sie rennen mit ihren Hunden auf den Platz, um die Fans wieder auf die Tribüne zu scheuchen.

Die vielen Menschen, das Geschrei und die ganze Aufregung ist wohl zu viel für den Schäferhund Rex. Der fünfjährige Rüde fängt an, wild um sich zu beißen. Dabei erwischt er nicht etwa einen wild gewordenen Fan, sondern einen Spieler der Schalker. Ein Biss, ein Schrei – da sinkt Friedel Rausch vom Schmerz übermannt zu Boden. Gleich zweimal hat das aufgeregte Tier zugeschnappt, stellen die Mediziner später fest. Das Resultat: zwei Bisswunden, jeweils vier Zentimeter lang und eineinhalb Zentimeter tief. »Genau in den Allerwertesten, das tut unglaublich weh«, brüllt der spätere Trainer. Aber nicht nur Rausch, sondern auch Neuser wird verletzt, der aufgebrachte Rex trifft ihn am Oberschenkel.

Nur mit Mühe kann das Fußballfeld geräumt werden. Rausch und Neuser bekommen eine Tetanusspritze und können später sogar trotz der Verletzungen weiterspielen. Die Partie ist für 15 Minuten unterbrochen.

Ein Wunder, dass anschließend überhaupt noch normaler Fußball gespielt wird. Vielleicht ist es für die aufgeladenen Emotionen das Beste, dass Dortmund in der 65. Minute doch noch mit dem 1:1 für seine Leistungssteigerung in der zweiten Hälfte belohnt wird. Kohlhäufl dribbelt die Schalker Abwehr schwindlig, passt auf den kleinen Weist und der trifft zum verdienten Ausgleich.

*Schalke will Dortmund
in nichts nachstehen:
Günter Siebert beim
Rückspiel in Gelsen-
kirchen mit Begleitung.
(HM)*

Das alles interessierte den verletzten Friedel Rausch kaum noch. Er hatte die Begegnung tapfer durchgestanden. »Doch manchmal wurde mir regelrecht schwarz vor Augen«, erinnert sich der Unglücksrabe. Die medizinische Konsequenz folgte erst nach dem Schlusspfiff, denn Rausch durfte die nächsten Tage im Krankenhaus verbringen. Die Wunde schmerzte noch wochenlang. »Das schlimmste war, dass ich fast zwei Monate nur auf dem Bauch schlafen konnte. Das war nicht besonders bequem.«

Dortmunds Obmann Bracht, der zu Rausch mit Genesungswünschen der BvB-Mannschaft und einigen Blumen kam, wurde vom Spieler launig empfangen: »Heilkräuter wären besser gewesen. Aber ihr wollt wohl, dass ich noch länger ausfalle ...«

Der berühmteste Hundebiss der Fußballgeschichte hatte übrigens noch ein rechtliches Nachspiel. Der Deutsche Fußball-Bund beschäftigte sich lange mit dem Fall. Die Dortmunder wurden verpflichtet, eine Schutzmauer in ihrem Stadion zu errichten, damit die Fans nicht wieder ungehindert aufs Spielfeld gelangen konnten. Und auch die Hunde wurden »bestraft«. Alle Ordnungsdienste in der Bundesliga wurden angewiesen, ihren Tieren Maulkörbe anzulegen. Diese Anordnung hat noch heute Bestand.

Die Schalker reagierten auf diesen Vorfall mit Witz. Beim Rückspiel (1:1) am 31. Januar 1970 wurden die verwunderten Gäste mit jungen Löwen aus dem Tierpark Westerholt in der Gelsenkirchener Glückauf-Kampfbahn empfangen. Und sie schauten schon reichlich verwundert, als ihnen bei der Seitenwahl die Bestien um die Beine strichen.

FC Schalke 04 – 1. FC Köln 6:2

»Ersatzmann« Scheer – Sternstunde eines Torjägers

Den neuen Superstar hatten sie sich auf Schalke ganz anders vorgestellt. Nicht so bieder, schon gar nicht wie einen lieben, strebsamen Studenten. Genau so aber wirkte Klaus Scheer mit seinen 1,79 Meter Größe. Gerade 73 Kilogramm brachte der Mittelfeldspieler auf die Waage und seine blonden, mittellangen Haare mit den dicken Koteletten wurden zum Markenzeichen. 1969 war er von Eintracht Siegen nach Gelsenkirchen gewechselt. Richtig berühmt wurde er aber erst am 1. September 1971.

Schon eine Woche zuvor hatte Scheer in die Rolle des verletzten Mittelstürmers Klaus Fischer (Muskelzerrung) schlüpfen müssen, was auch sehr erfolgreich verlief. Beim 1:0-Sieg gegen den Hamburger Sport-Verein im Volksparkstadion gelang dem Ersatzmann das Tor des Tages. Und weil das Experiment geglückt war, sollte es diesmal gegen den 1. FC Köln doch noch einmal gelingen.

Die Rheinländer hatten sich für die Partie in der Glückauf-Kampfbahn etwas ganz Besonderes ausgedacht. FC-Trainer Gyula Lorant verkündete: »Wir spielen ohne Libero.« Zwei Abwehrspieler sollten im freien Raum operieren, einer musste zur Sicherheit hinten bleiben. Der andere schaltete sich dann in den Angriff ein. Aber jetzt kam der Clou: Wenn Schalke in die Nähe des Strafraums kam, sollte sofort auf Manndeckung umgestellt werden.

Immer wieder besprach der Coach die neue Taktik mit seinen Spielern. Schlüsselpositionen nahmen der letzte Mann, Werner Biskup, und Stopper Weber ein. So flog Nationalspieler Kalli Thielen als ein Opfer des neuen Systems aus der Mannschaft.

Oben: Erwin Kremers setzt sich durch. Cullmann (rechts) ist hilflos. (HM)
Unten: Klaus Scheer schiebt den Ball vorbei an Gerhard Welz zum sechsten Tor für Schalke. (HM)

Es sollte beim theoretischen Plan bleiben. Eigentlich sollte der heranstürmende Schalker Scheer rund 25 Meter vor dem Tor von Biskup oder Weber gedeckt werden. Doch das klappte überhaupt nicht, weil Biskup einfach viel zu langsam für den agilen Scheer war und Weber das neue Wechselspiel mit Biskup noch nicht verstanden hatte.

Ganze sechs Minuten brauchten die Gastgeber, um schon mit 2:0 in Führung zu liegen. Nach nur 75 Sekunden flankte Huhse vor das Kölner Tor. Weil sich Kölns Keeper Welz verschätzte, konnte Scheer aus sehr spitzem Winkel einschießen, und wieder hatte sich Scheers Nominierung gleich gelohnt. Dabei wollte es der neue Torjäger aber an diesem Tag nicht belassen.

Vier Minuten später machte er per Kopf bereits das 2:0, nachdem Sobieray von links hoch in den Strafraum gepasst hatte.

Die Scheer-Show ging munter weiter. In der 33. Minute überwandt er mit einem knallharten und platzierten Zehn-Meter-Schuss Kölns Torhüter Welz, und drei Minuten vor der Pause folgte sogar Scheers vierter Streich. Der Mann des Tages nahm eine Libuda-Flanke gekonnt auf und schloss sie aus sieben Metern mit einem Schuss ins Eck zum 4:0-Halbzeitstand ab.

Die 35 000 Zuschauer applaudierten Scheer auf dem Weg in die Kabine, während die Kölner von ihrem Anhang gnadenlos ausgepfiffen wurden. FC-Trainer Lorant war vor Wut rot angelaufen: »Mit solch einer Abwehr kann man natürlich keinen Blumentopf gewinnen.« Der Ungar reagierte und brachte für den Totalausfall Biskup den damals 21-jährigen Bernd Cullmann. Der Kölner Verteidiger hatte nur eine Aufgabe: Scheer an die »Leine« zu nehmen.

Was den Kölnern in der Folgezeit auch nicht viel nutzte, denn wenn der »blonde Blitz« mal nicht traf, machten es seine Mitspieler. Huhse zum Beispiel, der in der 49. Minute aus zwölf Metern aufs Tor schießt und dem mittlerweile völlig entnervten Welz den Ball zum 5:0 durch die Beine schiebt.

Auch Cullmann konnte Scheer auf Dauer nicht stoppen. Nachdem Köln durch Overath verkürzt hatte, verwertete der damals 20-Jährige einen Pass von Erwin Kremers zum 6:1 (72.). Es war schon

Klaus Scheer katapultierte sich mit seinen fünf Toren gegen Köln in einen exklusiven Kreis von berühmten Torjägern. Die meisten Treffer in einem Bundesligaspiel machte Dieter Müller. Der Kölner traf 1977 sechsmal.

Der »Fünfer«-Klub:

Karl-Heinz Thielen (1. FC Köln) 1963

Rudi Brunnenmeier (TSV 1860 München) 1965

Franz Brungs (1. FC Nürnberg) 1967

Gerd Müller (FC Bayern München) 1972, 1973, 2x 1976

Jupp Heynckes (Borussia Mönchengladbach) 1978

Manfred Burgsmüller (Borussia Dortmund) 1982

Atli Edvaldsson (Fortuna Düsseldorf) 1983

Dieter Hoeneß (FC Bayern München) 1984

Jürgen Klinsmann (VfB Stuttgart) 1986

Frank Hartmann (1. FC Kaiserslautern) 1986

Michael Tönnies (MSV Duisburg) 1991

der fünfte Treffer von Klaus Scheer. Auch wenn Köln noch einen weiteren Treffer erzielte, dämpfte das die Feierstimmung im Stadion in keiner Weise.

Die Fans hatten ihren Liebling und der hieß Klaus Scheer. Fünf Tore, ein echter Hattrick in der ersten Halbzeit. Der Fischer-Ersatz aber blieb bescheiden: »Gegen Klaus Fischer komme ich doch nicht an. Ich bin nur glücklich, dass ich unseren verletzten Torjäger so gut vertreten habe. Denn auf Dauer wird Klaus doch erfolgreicher sein.«

Der Spieler, der wie »Phönix aus der Asche« in der Bundesliga für Furore sorgte, war auch nach der Rückkehr von Fischer für Schalke weiter erfolgreich. Er unterstützte den Mittelstürmer im Angriff und erzielte sogar 18 Saisontore. Der Spezialist Fischer traf nur dreimal öfter. Torschützenkönig in der Spielzeit wurde aber ein ganz anderer Stürmer. Gerd Müller von Bayern München traf sogar öfter als die Schalker Klaus und Klaus zusammen. Der »Bomber der Nation« erzielte sensationelle 40 Tore.

Der offensive Mittelfeldspieler Scheer war noch bis 1975 für den FC Schalke aktiv und machte in 165 Partien 38 Tore. Von Schalke wechselte er später auf den Betzenberg, wo er noch zwei weitere Jahre spielte. Doch bei den »Roten Teufeln« klappte es einfach nicht mehr mit dem Toreschießen, denn nicht ein einziger Bundesligatreffer war dem Blonden vergönnt. Als hätte er in Schalke sein ganzes Pulver verschossen.

Aber mit seinen fünf Treffern gegen Köln setzte sich Klaus Scheer auf Schalke ein eigenes kleines Denkmal.

Auch andere Keeper bekamen schon mal zweistellig die Bude voll:
Torwart Willi Ertz bei Neunkirchens 0:10 in Mönchengladbach (1967/1968)
Jürgen Rynio bei Dortmunds 1:11 in München gegen die Bayern (1971/1972)
Peter Endrulat bei Dortmunds 0:12 gegen Mönchengladbach (1977/1978)
Olli Isoaho bei Bielefelds 1:11 in Dortmund (1982/83)
Waldemar Josef bei Braunschweigs 0:10 in Mönchengladbach (1984/1985)

1. Juli 1972

FC Schalke 04 – 1. FC Kaiserslautern 5:0

Pokalsieg als Antwort
auf die verpasste Meisterschaft

Auf dem Markt in Gelsenkirchen war die Hölle los. Fast 100 000 Fans zählten die Ordnungshüter am 2. Juli 1972. Ausgelassen wie selten zuvor feierten die Schalker den zweiten Pokalerfolg der Vereinsgeschichte. Nach ewig erscheinenden 35 Jahren hatten sie es endlich wieder geschafft. Fast fünf Minuten benötigte Gelsenkirchens Oberbürgermeister Josef Löbbert, um sich Gehör zu verschaffen, erst dann konnte er seine Gratulationsrede starten, wurde aber trotzdem immer wieder von den Jubelgesängen der Anhänger unterbrochen.

Das 5:0 gegen den 1. FC Kaiserslautern hatte den königsblauen Teil des Reviers mobilisiert. Als die Helden mit einer halben Stunde Verspätung aus Hannover am Gelsenkirchener Hauptbahnhof ankamen, verstopften rund 60 000 Fans die Straßen. Auf die müden, aber glücklichen Spieler prasselte ein blau-weißer Ballonregen nieder. Der Autokorso bewegte sich nur im Schneckentempo in Richtung Innenstadt. Der Tieflader mit den Spielern musste ein paar Mal gestoppt werden, weil der Andrang der Fans teilweise zu wild war.

Vor lauter Begeisterung und natürlich unter dem Einfluss von Freibier und Korn bemalten einige Anhänger die Bürgersteige, Rollläden, Zäune und sogar Autos in Schalker Vereinsfarben. Präsident Günter Siebert war von der überschäumenden Freude völlig überrascht: »Heute ist die Feier ja noch viel größer als bei unserer einzigen Nachkriegsmeisterschaft im Jahr 1958.« Und der erste Bürger der Stadt, Josef Löbbert, stammelte überwältigt: »So gigan-

Klaus Fischer springt im Torjubel über Lauterns Torhüter Jupp Elting, Ex-Schalker; links Diehl (Lautern), in der Mitte Klaus Scheer. (HM)

tisch habe ich mir die Euphorie der Leute nun wirklich nicht vorgestellt.«

Später begaben sich Spieler und Offizielle zum Festbankett auf Schloss Berge. Als kulinarische Überraschung erwartete die Spieler eine riesengroße Eisbombe, natürlich in Blau-Weiß. Doch es gab noch ein anderes »Dessert«: Jeder Spieler bekam eine wertvolle Armbanduhr als Andenken geschenkt.

Trost für die stark strapazierte Seele der Schalker Spieler. Denn auch die hatten eine Woche zuvor Geschenke gemacht. Als Tabellenführer der Bundesliga waren die Knappen in die bayerische Metropole München gereist.

Die junge Mannschaft aus Gelsenkirchen hatte die gesamte Saison über den großen Bayern Paroli geboten und den noch amtierenden Titelträger Borussia Mönchengladbach mit neun Punkten Vorsprung auf Platz drei verwiesen. Nur ein einziger Sieg trennte Schalke vom ersten Bundesligatitel.

Doch das »Endspiel« am 34. Spieltag der Saison 1971/72 kam für die Überraschungself des Jahres noch zu früh. Die Münchner Superstars Beckenbauer, Müller und Maier ließen keinen Zweifel daran, wer um 17.15 Uhr die Meisterschale in den Himmel recken durfte. Mit 5:1 machte Bayern kurzen Prozess mit Schalke und beendete deren Titelhoffnungen.

Die wichtigste Aufgabe nach der Pleite von München hatte nun Trainer Ivica Horvat, der nun in Zukunft blicken musste. Schaffte es der Coach, die frustrierten Profis wieder aufzubauen und für das zweite Endspiel in acht Tagen seelisch wieder fit zu machen? »Keiner von uns darf jetzt noch an die verpasste Meisterschaft denken. Wir müssen nach vorn schauen. Das einzige, was zählt, ist der Pokalsieg gegen den 1. FC Kaiserslautern«, gab Horvat die Devise für die nächsten Tage aus.

Gleich nach der Ankunft in Gelsenkirchen begann der Trainer mit den Einzelgesprächen. »Bei jedem musste man anders ran, zu unterschiedlich sind doch die Charaktere in der Mannschaft«, verriet der Coach. Mittelstürmer Klaus Fischer gab sich vor dem Finale gegen die Pfälzer jedenfalls wie verwandelt optimistisch und sieges-

Skandal verhindert die Meisterschaft

Aufgrund der positiven Aussichten verstieg sich Präsident »Oskar« Siebert nach dem Pokalsieg in kühnen Zukunftsprognosen: »Diese junge Mannschaft wird in den nächsten Jahren zweimal die Deutsche Meisterschaft erringen.« Vielleicht wäre die Vorhersage auch Wirklichkeit geworden. Doch der Bestechungsskandal und seine Folgen wischten die Hoffnung auf weitere Schalker Erfolge mit einem Schwung vom Tisch. Bereits am 17. April 1971 hatten Schalker Spieler für eine freiwillige Niederlage die Hand aufgemacht. Das 0:1 in Bielefeld gehörte zu den dunkelsten und unerfreulichsten Kapiteln der königsblauen Vereinschronik.
Doch diese Probleme waren am 2. Juli 1972 noch kein Thema. Bis in den frühen Morgen feierten die Schalker Fans in der Innenstadt den Erfolg ihrer Lieblinge. Als hätten sie damals geahnt, dass in den nächsten 25 Jahren auf Schalke wenig Titel zu feiern sein würden.

sicher: »Die Lauterer sind nur halb so stark, wenn sie nicht auf dem Betzenberg spielen.«

Ein gesundheitliches Problem brachte Horvat fast um den Schlaf. Sein Keeper Norbert Nigbur hatte sich im Münchner Olympiastadion am Knie verletzt. Der Einsatz war in Gefahr. Nur wenige Stunden vor dem Anpfiff gab Nigbur aber Entwarnung: »Ich kann spielen, ich darf in einer solchen Situation doch meine Mannschaftskameraden nicht im Stich lassen.«

Überraschende Reaktionen bei Gegner Kaiserslautern über den Einsatz Nigburs. Lauterns Keeper Jupp Elting, der zwei Jahre lang hinter dem Schalker Torhüter Ersatzmann war: »Ich freue mich, dass Norbert spielen kann.« Und Fußball-Obmann der Roten Teu-

Pokalfeier in Gelsenkirchen: Norbert Nigbur hält den Pokal, Erwin Kremers die Blumen.

Abschied eines Genies

Er stand im Mittelpunkt der Ovationen. Reinhard, genannt Stan, Libuda hatte sein vorerst letztes Spiel für Schalke gemacht und sich mit einem Triumph verabschiedet. Nach 14 Jahren auf Schalke wechselte der Flügelflitzer im Sommer 1972 zu Racing Straßburg. »Die Franzosen haben natürlich eine andere Mentalität als die Leute aus dem Pott. Aber ich nehme meine Familie mit. Der Wechsel ist notwendig, weil ich an meine Zukunft denken muss«, erklärte Libuda.

Die Trickkiste des dribbelstarken Rechtsaußen (190 Spiele für Schalke, 20 Tore) wurde damit zugeklappt. Die Sprechchöre »Li-bu-da« waren letztmalig im Niedersachsenstadion zu hören. Das umstrittene Genie hatte das Endspiel zu seinem eigenen Festival gestaltet. Er spielte stark wie zu seinen besten Zeiten.

Der Magier ging und mit ihm ein Stück Schalker Geschichte. Der Künstlername »Stan«, nach dem legendären englischen Fußballhelden Stanley Matthews, war der verbale Ritterschlag der Fans.

Was für ein Charakter – da war der launische Stimmungsfußballer in der rauen Malocher-Atmosphäre, sensibel und mimosenhaft, dann aber auch entschlossen und kämpferisch. Man wusste nie, was Libuda vorhatte, und im Zweifel er selber auch nicht.

»Es war erhebend, wie der Stan noch einmal Fußballgeschichte geschrieben hat. Natürlich lassen wir ihn ungern gehen, aber diese Chance dürfen wir ihm nicht verbauen«, trauerte Präsident Günter Siebert seinem Idol nach. Die Libuda-Zeit war zunächst vorbei.

Zwei Jahre später kehrte »Stan« zu Schalke zurück, spielte noch ein paar Monate, konnte aber nicht mehr an seine große Zeit anknüpfen.

fel, August Diehl: »Wir wollen gerne gegen die stärkste Schalker Mannschaft antreten und haben sportlich nichts von einer geschwächten gegnerischen Truppe. Es wäre unfein, wenn wir vom Missgeschick des Gegners profitieren würden.«

Das Niedersachsenstadion am 1. Juli 1972 war mit 65 000 Zuschauern ausverkauft. Davon kamen 25 000 aus Schalke und 10 000 aus der Pfalz. Schon nach 13 Minuten ging Schalke in Führung. Linksverteidiger Helmut Kremers hatte getroffen.

Die Knappen waren drückend überlegen und trafen durch Klaus Scheer noch vor der Pause zum 2:0 (32.). Das war schon die Vorentscheidung, zu schwach war der Auftritt der Spieler vom Betzenberg. Der Halbzeitpause folgte keine Veränderung im Spielverlauf.

»Stan« Libuda mit dem Objekt der Begierde (HM)

Schalke war weiterhin überlegen, Lautern taumelte wie ein schwer angeschlagener Boxer über den Rasen.

In der 57. Minute fiel folgerichtig auch das nächste Tor für Schalke. Herbert »Aki« Lütkebohmert erzielte das 3:0. Neun Minuten später war Mittelstürmer Klaus Fischer auch endlich mit seinem Treffer zum 4:0 an der Reihe. Helmut Kremers, die Entdeckung dieses Endspiels, erzielte durch einen herrlich getretenen Freistoß aus 18 Metern den Endstand von 5:0 in der 82. Minute. Kremers, später Manager und sogar Präsident auf Schalke: »Ich habe ein Loch in der Abwehrmauer gesehen. Freistöße sind nun mal meine Spezialität.«

Verteidiger Helmut fühlte sich in diesen Tagen unverstanden: »Ich verstehe gar nicht, wieso alle Welt immer nur von meinem Zwillingsbruder Erwin spricht.« Schon damals, im Jahr 1972, standen die Offensivkräfte eher im Mittelpunkt als die Defensivfachleute.

Das 5:0 war der Rekordsieg in der 37-jährigen Geschichte des Pokals. Die politische Prominenz, Bundesinnenminister Hans-Dietrich Genscher, Rheinland-Pfalz-Premier Helmut Kohl und FDP-Fraktionsvorsitzender Wolfgang Mischnick standen Spalier, als Kapitän Stan Libuda den »Pott« hochreckte.

Der Cup-Sieg war der Erfolg des Duos Siebert/Horvat. Ihre Devise hieß: »Die jungen Leute nur nicht drängen.« Der Spaß am Fußball durfte bei Schalke nie verloren gehen. Die Unbekümmertheit, die der Mannschaft erhalten wurde, war entscheidend für die Erfolgssaison 1971/72.

Die Königsblauen stellten einen Vereinsrekord der ganz besonderen Art in dieser Runde auf. Die Elf verlor in diesem Spieljahr nie zweimal in Folge. Die fatale 0:7-Schlappe bei Borussia Mönchengladbach in der Bundesliga wurde genauso mit einem Sieg in der nächsten Partie beantwortet wie das tragische 1:5 in München mit dem glorreichen Pokalerfolg.

FC Schalke 04 – FC Bayern München 5:5

Kein Sieg – aber Siebert zahlt volle Prämie

Aufregung auf Schalke. Gerade noch war man unglücklich nur Vizemeister, dafür aber Deutscher Pokalsieger geworden, jetzt stand der Klub nur 14 Monate später in der Abstiegszone der Bundesliga.

Vorletzter Platz, das große Zittern begann. Stand der FC Schalke vor dem tiefen Sturz in die 2. Liga? Ausgerechnet jetzt kam auch noch der glorreiche FC Bayern München. Die Münchner waren als Titelverteidiger gut in die Saison gestartet, standen an diesem sechsten Spieltag schon auf Platz zwei und belauerten mit nur wenigen Toren Rückstand Tabellenführer Borussia Mönchengladbach. Ein Sieg in Schalke war daher Pflicht, wollte man weiter vorne mitmischen.

Wie schlecht die Chancen der Schalker zumindest von der Papierform gegen den vermeintlich übermächtigen Gegner standen, zeigt, dass Trainer Horvat an diesem Tag noch immer auf die Stars Fischer, Fichtel, Rüßmann und Lütkebohmert verzichten musste. Das Quartett war im Rahmen des Bundesligaskandals gesperrt und durfte für die Knappen noch nicht antreten. Für Rüßmann spielte Ulrich van den Berg, anstelle von Fichtel kam der junge Helmut Kremers als Libero in die Partie und im Tor ersetzte Helmut Papst den verletzten Norbert Nigbur.

Oben: Elfmetertor durch Helmut Kremers gegen Sepp Maier; im Hintergrund Franz Beckenbauer (links) und Rainer Budde (HM) Unten: Freude bei Budde und Krauthausen, Kopfschmerz bei Paul Breitner (3) (HM)

Was sollte man machen? Schalkes Offizielle grübelten tagelang. »Wir haben gegen das Topteam aus München gar keine Chance. Das kann nicht gut gehen«, mahnte Horvat immer wieder. Kein Wunder nach dem bislang katastrophalen Saisonverlauf.

Schon der Start in die neue Saison hatte ernüchternd mit einer 0:3-Pleite in Stuttgart begonnen. Drei Tore von Ohlicher hatten Schalkes Fehlstart in das neue Fußballjahr besiegelt. Das 3:1 gegen Bochum am zweiten Spieltag brachte keine Ruhe, weil darauf ein blamables 2:5 gegen den Hamburger SV folgte und man anschließend vor eigenem Publikum auch noch gegen die Offenbacher Kickers mit 0:2 unterging.

So wuchs die Kritik an Trainer Horvat. Es musste etwas passieren, und die Gelsenkirchener verpflichteten den Münchner Franz Krauthausen. Für 250 000 Mark ließen die Bayern den Mittelfeldmann zum früheren Rivalen in den Westen wechseln. Doch auch mit ihm endete die Niederlagenserie vorerst nicht. Mit 0:6 wurden die Westfalen bei Borussia Mönchengladbach vorgeführt.

Das Selbstvertrauen der Schalker war dementsprechend angeknackst, als es nun gegen die starken Bayern ging.

Aber auch der Meister stand in der Kritik. Der zweite Platz, nur 13 geschossene Tore, das alles war für die verwöhnten Münchner Zuschauer viel zu wenig. Auch an der »Torfabrik« Gerd Müller wurde konstant herumgemäkelt. Seine bisherigen drei Treffer stellten die Fans nicht zufrieden.

Vielleicht lag es auch an der Verärgerung des Mittelstürmers, denn der Bayern-Vorstand verhinderte den Wechsel Müllers zum FC Barcelona. Auch Real Madrid hatte um seine Torjäger-Qualitäten gebuhlt. Müller war genervt und ließ sich auch durch die freundlichen Worte seiner Mannschaftskameraden kurz vor dem Spiel auf Schalke nicht aufheitern.

Gleich mit dem Anpfiff von Schiedsrichter Lutz griffen die Schalker furios an. Kein Gedanke an die fußballerische Unterlegenheit, keine Angst vor den großen Namen Beckenbauer, Breitner, Roth, Hoeneß und Müller. Die Abwehr der Münchner geriet ins Schwimmen, immer wieder stießen die Schalker in die Löcher der bayerischen Defensive.

Innerhalb von nur 65 Sekunden schlug Angreifer Budde zweimal zu. Der Doppelpack in der 11. und 12. Minute, ein Alptraum für die erfolgsverwöhnten Gäste. Denn nun führte der krisengeschüttelte FC Schalke mit 2:0 und machte sechs Minuten später durch Erwin Kremers sogar das 3:0.

Das Stadion glich plötzlich einem Tollhaus. Schalkes überraschte Fans auf den Rängen konnten ihr Glück kaum fassen. Unten auf dem Spielfeld schauten sich sogar die Spieler ungläubig an.

Bis zur 38. Minute, als scheinbar wieder ein wenig Normalität eintrat. Müller umkurvte erst van den Berg, dann auch noch Papst, und die Bayern waren wieder im Rennen. Was sich in den letzten Minuten vor der Halbzeitpause abspielte, war nichts für schwache Nerven. Nicht weniger als drei Strafstöße wurden von Schiedsrich-

Auch die Bayern hatten ihren Anteil: Gerd Müller in seiner unnachahmlichen Art gegen Schalkes Torhüter Helmut Pabst. Die Szene verfolgen Jürgen Sobieray und der Bayern-Spieler Bernd Gersdorff.

ter Lutz in der Rekordzeit von 240 Sekunden verhängt. Noch heute erinnert sich Franz Beckenbauer: »So etwas habe ich in so kurzen Abständen nie wieder erlebt. Fast jeder Angriff wurde von einem Elfmeterpfiff unterbrochen.«

Den ersten bekam Schalke zugesprochen, und Helmut Kremers ließ sich nicht lange bitten und stellte mit seinem Treffer zum 4:1 den alten Drei-Tore-Abstand wieder her.

Sekunden später war Bayern an der Reihe, und ähnlich sicher zischte der Schuss von Müller zum 4:2 ins Tor. Noch immer nicht genug, denn im Gegenzug gab es erneut Elfmeter für Schalke. Das gleiche Spielchen also noch einmal: Erneut trat Kremers an, wieder hatte Maier keine Chance. Mit einer beruhigenden 5:2-Führung gingen die Königsblauen in die Halbzeit.

Die Worte von Trainer Horvat zur Pause in der Kabine klangen einigen Akteuren nach dem Schlusspfiff noch in den Ohren. Mit leichter Vorahnung beschwor der Coach seine Truppe: »Werdet nicht leichtfertig. Die Münchner sind noch lange nicht geschlagen. Sie werden bis zur letzten Minute alles geben. Passt bloß auf, Jungs, wir brauchen die Punkte.«

Nebenan bei den Bayern ging es hoch her. Selbst bei geschlossener Türe war jedes Wort von Trainer Udo Lattek bestens zu verstehen. Mit hoch rotem Kopf appelierte der Meistermacher an die Ehre seiner Mannschaft. Selbst der Kapitän mischte sich ein. »Wir dürfen uns hier nicht blamieren. Wenn die fünf Tore in einer Halbzeit machen können, schaffen wir auch vier. Da ist noch etwas zu holen«, meldete sich Franz Beckenbauer zu Wort.

Sprach es und ließ seinen Sprüchen auch Taten folgen. Denn die Bayern erhöhten gleich nach dem Wiederanpfiff den Druck, und Beckenbauer schlich sich nach vorn und konnte in der 51. Minute auf 3:5 verkürzen. Die Gastgeber wurden nervös, und die Angst, das Spiel aus der Hand zu geben, wurde immer größer.

Dürnberger nutzte die Panik der Schalker und erzielte das 4:5 (64.). Schon ließen viele Spieler der Königsblauen die Köpfe hängen und kassierten fast als logische Folge den 5:5-Ausgleich durch Gerd Müller vier Minuten später.

Ein schwarzes Kapitel

Am 6. Juni verlor der deutsche Fußball seine Unschuld, denn an diesem Tag wurde der Bundesligaskandal aufgedeckt. 18 Partien waren »gekauft« worden, wobei gleich zehn Vereine beteiligt waren: Frankfurt, Braunschweig, Bielefeld, Köln, Offenbach, Oberhausen, Duisburg, Stuttgart, Hertha und auch Schalke. Die Gelsenkirchener »verschoben« ihr Heimspiel gegen Bielefeld für 40 000 Mark und verloren absichtlich mit 0:1. 13 Schalker wurden für Jahre gesperrt, zahlten zudem eine Geldstrafe. Sie spielten bei dieser Bestechungsaffäre eigentlich nur eine Nebenrolle. Aber durch einen Meineid vor Gericht wurden sie auf einmal zu den Hauptdarstellern in dieser traurigen Angelegenheit. Erst am 8. Januar 1976 wurde die »Akte Schalke« endgültig zugeschlagen.

*Das »Schlussbild« –
mehr Platz für Tore
war nicht. (HM)*

Wer gedacht hätte, dass Bayern nun auch noch den Siegtreffer nachlegen würde, wurde getäuscht. Denn auch die Gäste schienen nach diesem Zwischenspurt mit der Kraft am Ende.

Beide Teams sehnten in den letzten Minuten den Abpfiff dieses unglaublichen Spiels herbei. Einig waren sich die Beobachter, dass das 5:5 letztlich ein gerechtes Ergebnis zweier starker Mannschaften war.

Zufrieden aber waren nur die Gastgeber, auch wenn sie den sicher geglaubten Sieg noch aus der Hand gegeben hatten. Dagegen lagen bei den Bayern die Nerven noch Minuten nach dem Spiel blank. Torhüter Maier war frustriert und schimpfte laut vor sich hin. Beckenbauers Augen rollten gefährlich schnell, niemand wagte sich dem »Kaiser« zu nähern. Auch Müller war nicht zufrieden. Endlich hatte er mal wieder getroffen, sogar dreimal, und trotzdem hatte es nicht zum erwarteten Sieg gereicht.

Den hatte Schalke zwar auch nicht erreicht, trotzdem wurde das Unentschieden gefeiert. Präsident Günter Siebert gab sich spendabel: »Trotz des Remis zahle ich den Jungs die volle Siegprämie. Ich bin sehr stolz auf sie.«

Die Nachwirkungen dieses sensationellen 5:5 schienen für Schalke einem Kuss aus dem Dornröschenschlaf gleichzukommen. Denn auf einmal lief es bei den Königsblauen.

Als Zugabe wurde auch noch Klaus Fischer vier Spieltage später begnadigt. Der Torjäger bedankte sich für die Treue seines Vereins gleich mit drei Treffern beim 4:2 gegen den Wuppertaler SV. Auch die anderen Sünder kamen zurück. Ende Januar 1974 Abwehrchef Rolf Rüßmann, ihm folgten Lütkebohmert und Fichtel.

Schalke kletterte die Bundesligatabelle konstant hinauf und beendete die Saison trotz des schlechten Starts auf dem siebten Platz. Viele Fachleute glauben noch heute, dass die Gelsenkirchener in voller Besetzung ein gewichtiges Wort in der Meisterschaftsfrage mitgesprochen hätten. So holten die Bayern den Titel – dank des einen geretteten Punktes aus dem 5:5 bei Schalke in der Endabrechnung vor Borussia Mönchengladbach.

9. Oktober 1976

FC Bayern München – FC Schalke 04 0:7

Im Spielrausch an der Isar

Viermal getroffen, hier das 7:0 - Klaus Fischer, der Schalker Held im Olympiastadion. Links ganz elegant Franz Beckenbauer, Sepp Maier machtlos. (HM)

Wie konnte sich eine Weltklassemannschaft wie der FC Bayern im eigenen Stadion so brutal vorführen lassen? Noch nach über 25 Jahren würden Münchner Anhänger einiges dafür geben, wenn man diesen Tag in der Geschichte des FC Bayern vergessen machen könnte. Immerhin glauben Augenzeugen, den wahren Grund in mangelnder Ernsthaftigkeit des erfolgsverwöhnten Teams erkannt zu haben.

Friedel Rausch (rechts)
und Betreuer »Charly«
Neumann in bester
Stimmung (HM)

Das lag sicher auch an der Ausgangsposition. Der amtierende Europacup-Sieger traf auf eine Mannschaft, die auswärts eine trostlose Bilanz aufzuweisen hatte: vier Spiele, alle verloren, dazu 3:11 Tore.

Also erwarteten alle einen einfachen Sieg für den großen Favoriten aus München. Auch die Bayern-Spieler gingen an diese Partie ganz locker ran. Torwart Sepp Maier unterhielt sich während des Warmmachens mit Redakteuren und Kameraleuten vom ZDF. Der Fernsehsender drehte damals ein halbstündiges Porträt über den Keeper, der nur die »Katze von Anzing« genannt wurde. Auch Uli Hoeneß gab sich cool. Er band sich in aller Seelenruhe die Schuhbänder zu, als Schiedsrichter Linn aus Altendiez das Spiel anpfeifen wollte.

*Rolf Rüßmann (links)
und Bernd Thiele nach
einem gelungenen
München-Besuch (HM)*

Die Schalker nehmen die Partie sehr viel ernster. Trainer Friedel Rausch hat tagelang vor dem Spiel seine Taktik ausgetüftelt. Er setzt den jungen Thiele auf den aufstrebenden Stürmer Karl-Heinz Rummenigge an.

»Kalles« Name war gerade in der vergangenen Woche in aller Munde, denn das Nationalmannschaftsdebüt des Angreifers in Wales (2:0, ein Tor) hatte alle begeistert.

Noch am Sonntag schwärmte die walisische Ausgabe der Tageszeitung *Sunday People* vom Auftritt des rotwangigen Rummenigge. »Keiner ist so erfolgreich wie Mr. Perfection. Weder Cruyff, noch Matthew, noch Best.«

Der *Sunday Telegraph* schrieb: »Kolossaler Rummenigge, ein Jahrhunderttalent wächst heran.«

Und genau diesen soll der unerfahrene Thiele ausschalten. Rausch glaubt auch an die Spielmacherkünste von Hannes Bongartz. Der Blondschopf, von den Mitspielern nur »Spargeltarzan« genannt, soll die Fäden im Mittelfeld ziehen und Torjäger Fischer immer wieder in Szene setzen. Für den Jugoslawen Oblak kommt Dubski in die Partie. Der Dauerbankdrücker muss den schnellen Außenverteidiger Kapellmann aufhalten.

Auf dem Papier sind es fast unmögliche Aufgaben. Die pomadigen Münchner schauen den quirligen Schalkern ein wenig verschlafen hinterher. Der Glaube an ihre eigene Stärke hat sie den Start verpassen lassen. Auch der Pfostenkracher von Dubski nach 125 Sekunden weckt die müden Gastgeber nicht auf.

Die Westfalen lassen nicht nach, greifen immer wieder ungestüm an und werden für ihre Bemühungen belohnt. In der elften Minute erläuft sich Fischer einen Pass von Lütkebohmert und nutzt das Tempo des Balls, um erst Verteidiger Schwarzenbeck und dann auch Maier zu umkurven. In großen Leuchtziffern steht die 1:0-Führung der Gäste an der Anzeigetafel des Olympiastadions.

Unter den 48 000 Zuschauern ist kaum eine Reaktion auszumachen. Allzu oft hatten die Bayern so einen Rückstand wieder aufgeholt. Also kein Grund zur Panik auf den Rängen. Die Bayern kommen aber auch nach dem Gegentreffer nicht richtig in Fahrt. Immer wieder werden die gefährlichen Pässe auf Müller von Rüßmann blitzschnell abgefangen, die Dribblings von Rummenigge sind Seltenheit. Wenn dann wirklich mal aus lauter Verzweiflung der Ball aus größerer Distanz einfach auf das Schalker Tor geschossen wird, ist der jugoslawische WM-Keeper zur Stelle und wehrt die Schüsse ab.

Für die überheblichen Bayern kommt es noch viel schlimmer. Kurz vor der Pause flankt Abramczik direkt vors Münchner Tor, und Erwin Kremers köpft die Kugel zur 2:0-Pausenführung ins Netz.

Nervöses Gemurmel auf der Ehrentribüne. Unten auf der Bank kaut Manager Robert Schwan nervös auf seiner Unterlippe und lässt niemand an seinen dunklen Gedanken teilhaben. Ex-Bayer Paul Breitner, als Gast aus Madrid zu Besuch bei seinen ehemaligen

Das 7:0 der Schalker beim FC Bayern ging in die Geschichte der Fußballbundesliga ein. Hier noch einige weitere Beispiele für Blamagen vor eigenem Publikum:
Eintracht Frankfurt – Karlsruher SC 0:7 (1964/1965)
Tasmania Berlin – MSV Duisburg 0:9
Borussia Neunkirchen – TSV 1860 München 1:9
Borussia Mönchengladbach – Werder Bremen 0:7 (alle 1965/1966)
Rot-Weiß Essen – Eintracht Frankfurt 1:8 (1976/1977)
Fortuna Düsseldorf – VfB Stuttgart 0:7 (1985/86)

Kollegen, diskutiert über die Chancen der Gastgeber im zweiten Durchgang.

Doch Schalke kennt an diesem 9. Oktober 1976 keine Gnade. Denn nach der Pause schlägt das königsblaue Traumpaar zu: Abramczik mit einer maßgerechten Flanke und Fischer im Liegen mit dem Kopf. Das dritte Tor der Gäste ist schon fast eine Demütigung für die Münchner. Und »Abi« Abramczik läuft zu ganz großer Form auf. Der Flügelflitzer wirbelt die Bayern immer wieder durcheinander. Stets ist der Schalker schneller als jeder Gegenspieler, der sich ihm in den Weg stellt.

Die Galavorstellung des jungen Stürmers zahlt sich auch in Toren aus. Erst trifft Dubski (64.), dann ist wieder Fischer an der Reihe (67.), bevor der Name des »Flanken-Gotts« auch noch auf der Anzeigentafel aufleuchtet.

Die Wahrheit und nichts als die Wahrheit ... – ein historisches Ergebnis (HM)

Nach einem Bongartz-Pass macht »Abi« das 6:0 höchstpersönlich. Den Schlusspunkt bei diesem unglaublichen Spiel setzt dann Klaus Fischer mit seinem vierten Treffer zum 7:0-Endstand.

Ungewöhnliche Siege erfordern ungewöhnliche Maßnahmen.
Trainer Friedel Rausch rannte nach Schlusspfiff wie ein Hürden-
sprinter zu jedem einzelnen Spieler, umarmte und beglück-
wünschte ihn zu diesem historischen Ereignis.

Die Gründe für den 7:0-Kantersieg sind schnell aufgezählt.
Schalke spielte sich in einen wahren Rausch. An so einem Nachmittag hätten die Königsblauen wohl fast jede Mannschaft der Welt geschlagen.

Bayern dagegen fehlten wichtige Spieler. Die Schweden Anders-
son und Torstensson spielten für ihr Land gegen die Schweiz.
Mittelfeldmotor Roth fiel wegen einer Beinverletzung noch Wochen
aus.

Für Schalke aber war das legendäre 7:0 ein weiterer Höhepunkt
einer großen Saison, an deren Ende fast noch der Meistertitel
gestanden hätte. Mit nur einem Punkt Rückstand hinter Mönchengladbach wurden die Königsblauen Vizemeister.

2. Mai 1984

FC Schalke 04 – FC Bayern München 6:6

Thon macht die Musik im Pokal-Krimi

Es gibt Tage, da reichen Worte einfach nicht. »Genial, grandios, unglaublich, sensationell.« Egal, was nach dem irren 6:6-Unentschieden zwischen Schalke 04 und Bayern München an jenem Maiabend 1984 gesagt oder getitelt wurde, nichts davon reichte, um das Geschehene wirklich auszudrücken.

Noch Stunden nach diesem unglaublichen Match standen einige Fans vor dem Parkstadion und diskutierten kopfschüttelnd darüber. Sie alle spürten, dass hier gerade etwas ganz Besonderes geschehen war. Nicht weniger als 70 000 Zuschauer gingen mit dem Gefühl nach Hause, Zeuge eines unvergesslichen Ereignisses geworden zu sein.

Die größte europäische Tageszeitung BILD titelte am nächsten Morgen: »6:6! Unglaublich, diese Schalker.« Und: »Olaf Thon, 18 Jahr', wunderbar.« 123 Minuten geballte Dramatik, 123 Minuten Nervenkitzel, 123 Minuten Schockfußball.

Die Aufregung für die Zeitzeugen war kaum nachzuerzählen. Denn selbst den Zuschauern forderte der Krimi einiges ab. Deutschlands Ehrenspielführer Fritz Walter stand mit hoch rotem Kopf auf der Tribüne und tastete mit den Fingern der rechten Hand nach seinem Puls. Bayern-Trainer Udo Lattek, immerhin erfolgreichster Trainer der Welt, kramte in seinem Gedächtnis nach einem ähnlich dramatischen Spielverlauf. Doch auch ihm wollten einfach keine Vergleiche einfallen.

So schlimm war die Dramatik, dass ein Schalker Anhänger aus Hamm im Stadion mit einer Herzattacke zusammenbrach und

seine Liebe zu den Königsblauen mit dem Leben bezahlte. Eine traurige Begebenheit, die unterstreicht, dass dieses Halbfinale um den DFB-Pokal wohl das aufregendste Spiel in der deutschen Fußballgeschichte war.

Die Fotos, die nur Sekunden nach dem Abpfiff geschossen wurden, sind Spiegelbilder der Emotionen. Auf einem dieser Motive nimmt Olaf Thon, der dreifache Torschütze, das verdiente Bad in der Menge. Er thront auf den Schultern seiner Fans, die jubelnd den Mann des Abends minutenlang durch das Stadion tragen. Oder die glückseligen Gesichter von Thomas Kruse, Michael Jakobs und Klaus Täuber, die strahlend in die Objektive schauen. Schnappschüsse, bei deren Anblick die Herzen der Schalker Fußballfans noch heute höher schlagen. Es war für Schalke eine Nacht, in der man am liebsten die Zeit still stehen lassen wollte.

Die Vorgeschichte dieses Halbfinales ist schnell erzählt. Ende August 1983 gewann Schalke 04 als Zweitligist locker mit 3:0 über die klassenhöheren Düsseldorfer und ließ wenig später in Runde zwei auch Ligakonkurrent Charlottenburg keine Chance. Wieder gab es ein 3:0, wobei die Art und Weise, wie man an diesem 8. Oktober 1983 auftrat, beeindruckte.

Im Achtelfinale hatte Schalke keine Mühe beim 2:1 gegen den Karlsruher SC und gewann im Viertelfinale erneut in Berlin: Gegen Hertha BSC retteten sich die Königsblauen trotz 1:3-Rückstand noch in ein Wiederholungsspiel, das zwei Wochen später am 27. März schon nach 45 Minuten entschieden war: Klaus Täuber (29.) und Bernd Dierßen (45.) machten den Weg ins Halbfinale frei. Die Traumpartie gegen die Bayern konnte also steigen.

Zwei Themen machten an den Stammtischen im Ruhrgebiet in den Stunden vor dem Match die Runde. Wie ergattere ich noch eine Eintrittskarte? Tickets waren ähnlich selten wie Eisverkäufer in der Wüste. Sogar die großen Schwarzhändler in der Region mussten passen, denn auch sie hatten keine Karten mehr. Für diese Partie lagen fast 200 000 Anfragen in der Geschäftsstelle vor.

Aufgeregt diskutiert wurde aber auch das Halbfinalspiel vom Vortag. In einem unglaublichen Thriller besiegten die Gladbacher

Schalkes großer Kämpfer Bernard Dietz (rechts) und Hans-Georg Dreßen in Erwartung der Bayern (HM)

Werder mit 5:4 nach Verlängerung. Eine Partie, die für viel Aufregung sorgte. Erst verunglückte der Mannschaftsbus der Norddeutschen auf dem Weg ins Stadion. Glücklicherweise gab es nur Blechschäden. Dann wurde die Begegnung durch einen skandalösen Vorfall unterbrochen. In der 65. Minute flog eine Tränengasbombe auf den Platz. Ein Anhänger aus Bremerhaven war der Übeltäter. Der dichte weiße Qualm nahm den Spielern, dem Schiedsrichter und den Zuschauern jede Sicht. Einige Spieler mussten an die Seitenlinie laufen, die Augen wurden mit Schwämmen ausgewaschen. Ein Spielabbruch drohte, aber nach fünf Minuten ging es doch noch weiter und das Drama nahm seinen Lauf.

Das sensationelle Halbfinale vom Dienstag war aber spätestens nach dem Anpfiff von Schiedsrichter Wiesel vergessen und sollte noch klar übertroffen werden.

Bayern begann cool und konzentriert. Man wollte beim unterklassigen Gegner gleich für klare Verhältnisse sorgen und spielte von Beginn an groß auf. Der Ball lief wie an unsichtbaren Fäden gezogen über das Spielfeld, und die Schalker Gegenspieler kamen in dieser Phase immer einen Schritt zu spät. Die 70 000 Fans auf den Rängen wurden merklich ruhiger, denn zu klar war die Dominanz der Münchner und zu schwach die Gegenwehr der Knappen. Erst recht, als der Favorit bereits nach 180 Sekunden in Führung ging. Karl-Heinz Rummenigge, in seiner letzten Saison für den FC Bayern, bevor er zu Inter Mailand wechselte, traf zum 1:0. Als Ronald Mathy bereits nach zwölf Minuten mit dem 2:0 die vermeintliche Vorentscheidung erzielte, schien das Kapitel Pokal für Schalke bereits beendet.

Wenn da nicht 43 Sekunden später Thomas Kruse mit seinem Tor zum 1:2 den Hoffnungen der Fans wieder neue Nahrung gegeben hätte. Jetzt war das Parkstadion wieder aufgewacht.

Sechs Minuten später machte das 18-jährige Talent Olaf Thon den 2:2-Ausgleich, und auf einmal glich die Arena dem Hexenkessel, vor dem sich die Bayern so gefürchtet hatten. Die Hoffnung war zurückgekehrt, zumindest bis Michael Rummenigge in der 20. Minute den Favoriten wieder in Führung brachte.

Die Achterbahnfahrt der Emotionen sollte weiter gehen. Immer schneller. Immer verrückter. Am Regiepult stand dabei einer, der an diesem Abend Millionen an den TV-Geräten von den Sitzen riss. Olaf Thon tanzte, wirbelte, sprang wie ein Irrwisch durch die Bayern-Abwehr. Sogar Tore machte der kleine Wirbelwind höchstpersönlich. 61 Minuten waren gespielt, als Thon mit dem 3:3-Ausgleich das Spiel wieder drehte. Schalkes Anhang war aber erst nach dem 4:3 durch Peter Stichler elf Minuten später völlig aus dem Häuschen.

Olaf Thon, 18 Jahre alt, überwindet Jean-Marie Pfaff; rechts Johnny Hansen, im Hintergrund Klaus Täuber (HM)

Dass man sich zu früh gefreut hatte, stellte Michael Rummenigge mit seinem Tor zum 4:4 klar. So musste auch das zweite

Halbfinale in die Verlängerung gehen. Und die sollte das Erlebte der 90 Minuten noch in den Schatten stellen.

Doch der Reihe nach. Erst waren die Bayern wieder am Zug, als Schalkes Torwart Walter Junghans in der 110. Minute die Nerven verlor und einen scheinbar harmlosen Ball nicht ins Seitenaus gehen ließ, sondern Mittelstürmer Dieter Hoeneß genau vor die Füße legte. War dieses 5:4 die Entscheidung?

Längst noch nicht, denn Schalkes großer Kämpfer Bernard Dietz trieb seine Jungs noch einmal an und markierte fünf Minuten nach dem Junghans-Aussetzer den erneuten Ausgleich zum 5:5.

Der nächste Paukenschlag sollte folgen, als drei Minuten vor dem Abpfiff wiederum Dieter Hoeneß dem herausstürzenden Junghans den Ball durch die Beine schoss. Bayern wähnte sich endlich am Ziel, hatte an diesem denkwürdigen Abend aber die Rechnung ohne eine Schalker Mannschaft mit unglaublicher Moral gemacht.

Die Sekunden vor dem Abpfiff konnte Udo Lattek schon gar nicht mehr mit ansehen. 6:5 führte sein Team, der Trainer drehte sich weg vom Spielfeld. So verpasste der Coach die Szene des Abends. Schalke bekam einen letzten Freistoß zugesprochen, der hoch in den Strafraum segelte. Selbst beim Kopfball war der kleine Olaf Thon an diesem Abend der Größte. Sein Treffer zum 6:6-Endstand bedeutete den Schlusspunkt eines völlig verrückten Fußballspiels. Eine wahrhafte Sternstunde des Sports.

Schalke ohne Glück

Natürlich war in der Wiederholungspartie (9. Mai 1984) des 6:6-Thriller eine Woche später kein ähnliches Torfestival zu erwarten. Doch auch der 3:2-Sieg der Bayern wurde in der zweiten Halbzeit zu einer spannenden Angelegenheit.
Die Führung der Münchner durch Karl-Heinz Rummenigge (33.) und Dieter Hoeneß (45.) glichen Michael Jakobs (50.) und Michael Opitz (72.) aus. Als aber die Schalker am Drücker waren, schlug erneut Rummenigge (79.) zu. Die Bayern schafften mit viel Glück den Einzug ins Pokalfinale gegen Mönchengladbach.

22. August 1992

Borussia Dortmund – FC Schalke 04 0:2

Prophet Lattek stürmt das Westfalenstadion

Selten waren die sportlichen Vorzeichen für ein Revierderby zwischen Borussia Dortmund und dem FC Schalke 04 so schlecht wie vor dem Aufeinandertreffen am 22. August 1992. Beide Rivalen hatten den Saisonstart völlig verschlafen. Die Schalker verloren überraschend ihren Auftakt zu Hause gegen den krassen Außenseiter Wattenscheid 09 mit 3:4.

Sollte die königsblaue Talfahrt nun weiter anhalten? Immerhin war schon die abgelaufene Saison nach mittelmäßigen Leistungen mit einem enttäuschenden elften Tabellenplatz beendet worden.

Spielentscheidend: das Duell zwischen BvB-Torjäger Stephane Chapuisat (rechts) und Schalke-Verteidiger Yves Eigenrauch (HM)

Dabei sollte ganz nach dem eigenwilligen und egozentrischen Präsidenten Günter Eichberg, im Volksmund »der Sonnenkönig« gerufen, diesmal alles anders werden. Große Namen waren an Bord, denn kein geringerer als Meistermacher Udo Lattek war als Trainer für die sportlichen Geschicke verantwortlich. Und mit dem dänischen Wunderstürmer Bent Christensen hatte man in Gelsenkirchen für fünf Millionen Mark den bis dahin teuersten Einkauf der Vereinsgeschichte getätigt.

Auch Gegner Dortmund hatte am ersten Spieltag unliebsame Erfahrung mit einem Bochumer Verein gesammelt, war als Meisterschaftsfavorit gehandelt mit dem 2:2-Unentschieden beim VfL nach einem 0:2-Rückstand nur mit Ach und Krach an einer Blamage vorbei geschrammt. Auch der BvB hatte aufgerüstet und Stefan Reuter von Juventus Turin zurück nach Dortmund geholt.

Weil beide Mannschaften an diesem Samstagnachmittag schon unter Druck stehen, entwickelt sich ein hochklassiges Spiel im ausverkauften Westfalenstadion. Dortmund erwischt den besseren Start, spielt aggressives Fore-Checking und hat auch die ersten Torchancen. Fast wirkt es, als seien die Gastgeber übermotiviert.

Bunter Werbeträger

Ein Schalke-Trainer dreht durch. Udo Lattek stritt sich vor einem Millionenpublikum mit dem SAT.1-Moderator Reinhold Beckmann. Lattek war total geladen, hatte gerade gegen Wattenscheid mit 3:4 den Auftakt in die Saison 1992/93 vergeigt. Hier das Interview:
Beckmann: »Sie haben einen schicken Trainingsanzug an, 'ne tolle Mütze. Tragen Sie das, weil die Aufkleber so nett sind?«
Lattek: »Ich dachte, wir wollten uns hier über Fußball unterhalten.«
Beckmann: »Wattenscheid hat Sie ganz schön überrascht ...«
Lattek: »Die haben uns gar nicht überrascht ...«
Beckmann: »Wie werden Sie denn beim nächsten Spiel hingehen,

Schalke verlegt sich aufs Kontern und versucht den Sturmlauf der Dortmunder zu überstehen.

Eine halbe Stunde lang belagert der BvB das Tor von Schalke-Keeper Jens Lehmann und hat beste Tormöglichkeiten durch den Schweizer Stephane Chapuisat und den Dänen Flemming Povlsen. Doch das königsblaue Bollwerk hält der Belagerung stand. Bis auf einen Konterversuch über Christensen spielt sich das Geschehen bis zu diesem Zeitpunkt nur in der Hälfte der Gäste ab.

An den genauen Ablauf der Szene in der 28. Minute können sich die Dortmunder Abwehrspieler Reuter und Kutowski später kaum noch erinnern. Plötzlich steht Günter Schlipper vor ihnen und macht mit dem Ball förmlich, was er will. Schalkes Mittelfelddirigent nimmt einen Pass von Mihajlovic nach einem langen Abschlag von Lehmann auf und stürmt los. Ein Haken nach rechts, einer nach links, dann noch mal nach rechts. Ein Schuss, nicht hart oder scharf, sondern herrlich platziert zum völlig überraschenden 0:1.

Dortmund antwortet mit weiteren Angriffen, aber die Schalker Abwehr, bei den vier Gegentreffern gegen Wattenscheid noch stark kritisiert, steht an diesem Tag sehr sicher. Immer wieder ist für die BvB-Stürmer bei den Defensivspezialisten Eigenrauch, Freund und Kapitän Güttler Endstation.

Selten kann sich Udo Lattek an eine so lockere Atmosphäre in der Halbzeitpause erinnern: »Die Mannschaft strahlte absolute Zuversicht aus. Auch wenn wir sicherlich keinen großen Fußball gespielt hat, waren wir doch taktisch besser aufgestellt. Wir waren uns alle sicher, dass es nur einer Frage der Zeit sein würde, wann der zweite Treffer fallen würde.«

Aus jahrzehntelanger Erfahrung weiß Lattek schon, was kommen wird. Dortmund bäumt sich nach Wiederanpfiff auf, verkrampft aber von Minute zu Minute, was sich auf die Spielqualität auswirkt.

Entscheidend für den Ausgang der Partie ist vor allem ein Duell. Schalke-Verteidiger Yves Eigenrauch liefert sich erbitterte Duelle mit dem BvB-Toptorjäger Stephane Chapuisat. Es ist wie beim Hasen und dem Igel in der Tierfabel. Wo der Schweizer hinläuft, ist sein »Wachhund« bereits da . . .

wenn`s nach Dortmund geht? Andere Taktik, neue Spieler?«
Lattek: »Ich werde elf Mann austauschen und die anderen elf spielen lassen, wenn Sie das meinen.«
Beckmann: »Sind Sie trotzdem gewillt, zum Abschluss meine Frage vom Anfang zu beantworten, warum Sie so `nen netten Trainingsanzug anziehen?«
Lattek: »Soll ich hier nackend herumlaufen – oder was soll ich anziehen?«
Wochen später schlossen die Streithähne Frieden. Beckmann schenkte Lattek seine rote Jeansjacke und bekam später den mit bunten Werbeaufklebern versehenen Trainingsanzug vom Schalke-Trainer geschickt.

Udo Lattek (links), als
er seine blaue Schirm-
mütze noch nicht den
jubelnden Schalke-Fans
im Westfalenstadion
übereignet hatte ...
(HM)

Es dauert bis zur 78. Minute, ehe die Vorhersage von Udo Lattek Wirklichkeit wird. Das 2:0 der Schalker ist nahezu eine Kopie des Führungstreffers. Wieder ein langer Abschlag von Lehmann. Erneut erkämpft sich Mihajlovic den Ball, spielt aber diesmal auf Christensen und der Däne versenkt die Kugel im Dortmunder Netz.

Beim Schlusspfiff kennt der Schalker Jubel kaum noch Grenzen. Wobei Udo Lattek den Anhang der Gäste mit einer ganz besonderen Showeinlage verzückt: Der damals 57-Jährige stürmt wie ein 100-Meter-Sprinter zur Schalker Fantribüne und verbeugt sich artig vor den mitgereisten Anhängern. Als Höhepunkt der gemeinsamen Feier schleudert Udo auch noch seine blaue Schirmmütze in die jubelnde Menge. »Das letzte Mal, dass ich auf diese Art meine Freude ausgedrückt habe, war beim FC Bayern München. Da habe ich mich bis auf die Unterhose ausgezogen und alle meine Klamotten über den Zaun geworfen. Das sagt doch wohl alles über die Bedeutung dieses Sieges.«

5. Juni 1993

FC Schalke 04 – FC Bayern München 3:3

Den Bayern die Meisterfeier verdorben

Der Vergleich, den ein Fluggast beim Betrachten des Star-ensembles des FC Bayern wählte, war hart. »Die sehen aus wie eine Kegeltruppe, die ihren Kater von der Vatertagstour auszu-kurieren hat.« Ganz unrecht hatte er allerdings nicht: Mittelfeldan-treiber Jorginho kaute gelangweilt auf seinem Kaugummi herum, Verteidiger Helmer wühlte fortwährend in seinen Saccotaschen, ohne etwas zu finden. Regisseur Matthäus versuchte einem Freund über Handy zu erklären, wofür zumindest bei den Münchnern kei-ner eine richtige Erklärung hatte.

Bayern hatte vor rund zwei Stunden die Deutsche Meisterschaft verspielt, und nun war die sicher geglaubte Schale doch an die Weser zum SV Werder gegangen. Das hoch dramatische 3:3 auf Schalke hatte den Münchnern das Genick gebrochen.

Dabei sollte Schalke doch nur eine Statistenrolle an diesem 5. Juni 1993 spielen. Die Bayern, die vor der Saison für 22 Millio-nen Mark Stars wie Jorginho, Helmer, Schupp und Scholl gekauft hatten, führten die Bundesligatabelle 32 Spieltage souverän an. Alles lief nach Plan. Auch der Verlust der Tabellenführung in der 33. Runde an Werder störte niemanden in München.

Die Voraussetzungen für den Gewinn der Meisterschaft waren einfach viel zu gut. Man lag nur ein einziges Tor hinter den Bre-mern zurück. Diese mussten bei den Stuttgartern antreten, die nicht nur in den UEFA Cup wollten, sondern auch eine Bilanz von zuletzt 8:0 Punkten aufwiesen. Der Rekordmeister trat in Schalke an, bei denen es nur noch um die Ehre ging.

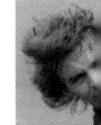

Was das für einen Schalker bedeutet, bekamen die Bayern um so deutlicher an diesem Tag zu spüren. Denn nach einer turbulenten Saison waren die Königsblauen gewillt, den treuen Fans noch ein Abschiedsgeschenk zu machen. Was wäre da schöner, als dem Erzfeind die Titelfeier zu verderben?

Auch im Parkstadion war alles für die Bayern vorbereitet. Ein Podest lag in Einzelteilen im Schatten der Südkurve.

Doch ein Einziger glaubte an die große Sensation und an seine Mannschaft. Schalkes Trainer Helmut Schulte drohte den Bayern vor dem Spiel: »Wir werden gewinnen. Es werden viele, viele Tränen an der Isar fließen.«

Nach nur vier Minuten soll die Prophezeiung erstmals Realität werden. Schalkes Scharfschütze Ingo Anderbrügge zieht aus 25 Metern ab und lässt Münchens Schlussmann Aumann keine Abwehrchance.

Noch ist auf der Bayern-Bank nichts von Hektik zu spüren. Erst recht nicht, als Scholl einen gefühlvollen Pass von Labbadia aus zehn Metern mit links ins rechte Eck (24.) zum 1:1-Ausgleich schlenzt. Dieser Treffer lähmt aber überraschenderweise nicht die Gastgeber, sondern die Bayern.

Spielverderber Alexander Borodjuk (links) läßt Lothar Matthäus schlecht aussehen.

Voller Einsatz am letzten Spieltag: Bayerns Mehmet Scholl höher als Peter Sendscheid, links Christian Ziege, rechts Andreas Müller

Münchens Spiel ist ängstlich, umständlich und konfus. Die Königsblauen nutzten die Situation und kontern geschickt. Büskens passt diagonal auf Borodjuk. Der Russe nimmt genau Maß, und der Ball schlägt zum zweiten Mal an diesem Nachmittag bei Aumann im kurzen Eck ein (34.).

Mit Schalkes 2:1-Führung geht es in die Halbzeitpause. Das aber sollte nicht der einzige Schock sein. Wie gebannt schauen die Bayern-Stars kurz nach Wiederanpfiff auf die Anzeigentafel hinauf. Zweimal leuchten dort Treffer der Bremer Konkurrenz in Stuttgart auf. Die Bayern wissen, dass sie in diesem Augenblick den Titel los sind. Wenn sie nicht selbst noch ein paar Tore nachlegen ...

Lothar Matthäus gibt das Zeichen zur nächsten Offensive. Sein

115

Treffer zum 2:2-Ausgleich macht das Spiel wieder spannend und lässt zeitweilig die Gesänge der schadenfrohen Schalker auf den Rängen verstummen.

Dann folgt der Auftritt des Holländers Wouters, der mit einem Schuss aus 18 Metern vorbei an Schalkes Keeper Holger Gehrke das 3:2 erzielt. Nach 76 Minuten führen die Bayern erstmals an diesem Nachmittag auf Schalke, doch über Funk bekommen sie mit, dass dieses Ergebnis nicht reichen wird. Mehr Tore müssen her. Aber da spielt Schalke nicht mit. Statt nun bereitwillig den Bayern Spalier zu stehen, hält der Gastgeber dagegen und schafft durch Borodjuk fünf Minuten vor dem Abpfiff den 3:3-Ausgleich. Das endgültige Aus für die Münchner, weil Werder in Stuttgart 3:0 gewinnt.

Alles war vorbei und die zuvor noch so hochnäsigen Bayern zogen mit hängenden Köpfen ab.

Das war an diesem Nachmittag auf Schalke der Mannschaft und den Fans der Königsblauen gleichgültig. Die Gelsenkirchener hatten nach einer sehr durchschnittlichen Saison noch Rang 10 erkämpft und bewiesen, dass sie mit allen Mannschaften der Liga mithalten konnten. Der Spielverderber für die Bayern gewesen zu sein, zählte auf Schalke fast so hoch wie ein eigener Titelgewinn.

Schalker Zahlen der Saison 1992/93
Zwei Trainer
(Udo Lattek und Helmut Schulte)
34:34 Punkte,
42: 43 Tore,
elf Siege,
12 Unentschieden,
elf Niederlagen,
649 228 Zuschauer im Parkstadion
(Schnitt: 38 190)

Die meisten Tore:
Anderbrügge 11
Sendscheid 6
Mihajlovic 6
Borodjuk 6
Müller 5
Büskens 4

Die meisten Spiele:
Büskens 34
Anderbrügge 31
Güttler 30
Mihajlovic 29
Eigenrauch 28
Gehrke 26
Linke 24
Borodjuk 24
Sendscheid 23

FC Schalke 04 – Inter Mailand 1:0

Stevens Euro-Coup –
durch die Hintertür ins Finale

Nahezu ganz Deutschland ist Anfang Mai 1997 im Schalke-Fieber. Der Einzug der Königsblauen ins UEFA-Cup-Finale hat die Fußballfans mobilisiert. Die Underdogs aus Gelsenkirchen haben das scheinbar Unmögliche geschafft. Sie spielen in zwei Endspielen gegen das Starensemble von Inter Mailand um den UEFA Cup.

Was das zur Folge hat, bekommt Schalkes Geschäftsstelle mit Nachdruck zu spüren. Das Revier ist im Ausnahmezustand. Genau 56 824 sind später die Glücklichen, die sich auf legalen und manchmal kreativen Wegen eine Eintrittskarte für das wichtigste Schalker Spiel der Neuzeit im Parkstadion besorgen können. Kurz vor dem Anpfiff steigt der Schwarzmarktpreis auf 3000 Mark für eine Haupttribünenkarte. Unglaublich, aber selbst zu diesem Kurs wechseln noch Karten den Besitzer. Denn dabei sein ist an diesem Abend wirklich alles. »Wir hätten auch 500 000 Tickets verkaufen können«, weiß Manager Assauer zu berichten.

Bei den Buchmachern sind die Gastgeber dieses ersten Endspiels klare Außenseiter. Mailand ist mit 14:10 erklärter Favorit auf den Cup-Sieg.

Beruhigend für Schalke, dass Trainer Huub Stevens weiss, wie man die Trophäe holt. Schon als Spieler gewann er den Cup mit dem PSV Eindhoven im Jahre 1978 gegen die Franzosen aus Bastia (3:0/0:0).

Schalkes Weg ins Finale war ein wahrer Triumphmarsch, der von einem Motto begleitet wurde: »Die Null muss stehen.« So hieß die

Fußballphilosophie von Trainer Stevens. Was der Coach damit meinte, setzten seine Profis bisher vorbildlich um: In keinem ihrer fünf UEFA-Cup-Heimspiele konnte Jens Lehmann bezwungen werden, was letztlich die Basis für das Erreichen der Endspiele und zudem ein einmaliger Rekord im UEFA Cup war.

Die königsblaue Erfolgsstory begann schon im September 1996 mit den Begegnungen gegen Roda Kerkrade. Und mit einer kuriosen Geschichte. Die Holländer wurden souverän aus dem Wettbewerb geworfen (3:0/2:2). Der Trainer der unterlegenen Mannschaft war ein gewisser Huub Stevens. Weil Schalke damals mit der Arbeit seines Coachs Jörg Berger nicht mehr zufrieden war und den Feuerwehrmann der Liga entließ, wurde Stevens innerhalb von 24 Stunden am 9. Oktober 1996 neuer Cheftrainer und war durch die Hintertür wieder im laufenden UEFA-Cup-Wettbewerb – eine unverhoffte zweite Chance für den Fußballlehrer.

In der zweiten Runde gegen Trabzonspor tat sich Schalke schwer. Dem 1:0 im Hinspiel folgte ein 3:3 in der Türkei. Der FC Brügge war Gegner in Runde 3. Das belgische Spitzenteam stand zweimal in einem europäischen Finale, scheiterte 1976 (UEFA Cup) und 1978 (Landesmeisterpokal) jeweils am FC Liverpool.

Huub Stevens instruiert Martin Max vor der Einwechslung, Manager Rudi Assauer im Hintergrund.

Marc Wilmots Siegtreffer in der 73. Minute: Aus 25 Metern überwindet er Inter-Keeper Gianluca Pagliuca.

Aufregung um den Cup

Wo ist der Pokal, fragten sich die Fans auf Schalke schon beim Hinspiel besorgt. Denn nachdem er immerhin elf Monate lang beim Rivalen Bayern München, der den Cup ein Jahr zuvor im Finale mit 2:0 und 3:1 gegen Girondins Bordeaux gewonnen hatte, stand, war in München plötzlich die Vitrine leer.
Die Antwort war beruhigend, denn der europäische Fußball-Verband hatte den Pokal aus der bayerischen Metropole abholen lassen und verwahrte ihn nun bereits in seiner Zentrale in Nyon (Schweiz). Erst zwei Tage vor dem Rückspiel sollte die Silbervase nach Mailand geschickt werden.

Auf schneebedecktem Boden traf Mike Büskens mit einem Weitschuss in den Winkel, und Schalke konnte nach der knappen 1:2-Niederlage aufs Rückspiel hoffen. Dort schossen Max und Youri Mulder die Gelsenkirchener ins Viertelfinale. Als Schalke auch noch Valencia, das in der ersten Runde sensationell Cup-Verteidiger Bayern München rausgeworfen hatte, mit 2:0 und 1:1 bezwang, gab es im Halbfinale ein Wiedersehen mit Jupp Heynckes, dem Trainer von CD Teneriffa. Schalke verlor zwar das Hinspiel mit 0:1, machte aber durch die Treffer von Linke und Wilmots, wie schon eine Runde zuvor, die Sache erst in der Verlängerung klar.

Mailand kann kommen. Die Stunden vor dem Finale sind spannungsgeladen. Die Gastgeber verschanzen sich im Trainingslager in Billerbeck, 45 Busminuten von Gelsenkirchen entfernt. Stevens hat den TV-Teams absolutes Drehverbot erteilt. Niemand soll mitbekommen, dass die Schalker vor allem Ecken und Freistöße einstudieren, und auch der Plan, den verletzten Martin Max aufzustellen, soll geheim bleiben.

Um 13 Uhr steigt die letzte Mannschaftssitzung. Stevens schwört die Spieler auf den Abend ein: »Ihr habt alle fünf Euro-Heimspiele

Von links: Johan de Kock, Kapitän Olaf Thon, Torschütze Marc Wilmots und Andreas Müller lassen sich feiern.

gewonnen, ohne ein einziges Gegentor zu kassieren – die Null muss auch heute Abend wieder stehen.«

Glück für Schalke, dass Gegner Inter mit Abwehrstar Jocelyn Angloma, Youri Djorkaeff und Paul Ince gleich drei Stammspieler ersetzen muss.

Das Spiel selbst ist schnell erzählt, denn Inter Mailand präsentiert sich schwach und Schalke hat mit den eigenen Nerven zu kämpfen. Völlig überraschend fällt dann doch das Tor des Abends. Schalkes Belgier Marc Wilmots schießt in der 73. Minute einfach mal auf das Mailänder Tor und kann Inter-Keeper Pagliuca überwinden. Danach wird es doch noch zu einer Zitterpartie für die Hausherren. Nicht etwa, weil Inter sich gegen die Niederlage stemmt, sondern weil außer dem eingewechselten Martin Max alle Profis mit gelben Karten vorbelastet sind und keiner durch eine Gelb-Sperre aufgrund zweier Verwarnungen auf das Mailänder Rückspiel verzichten will. Jedes Foul kann das Ende dieses Traumes bedeuten, was zum Glück für Stevens ausbleibt.

Inter Mailand – FC Schalke 04 1:0 n. V., 1:4 n. E.

Am Ziel dank Lehmanns Psychotrick

Schalkes Kapitän Olaf Thon wählte vor dem Rückspiel im UEFA-Cup-Endspiel markige Worte: »Wir werden uns in diesem Spiel den Hintern aufreißen.«

Vorentscheidend: Jens Lehmann fliegt in die richtige Ecke, Ivan Zamorano hat das Nachsehen.

San-Siro-Stadion in Mailand am 21. Mai 1997. Die Wortwahl spricht in diesem Fall Bände. Denn auch der sonst so sachliche Thon war vor diesem Spiel heiß wie nie. Kaum noch etwas zu spü-

ren war von der Routine eines Weltmeistertitels 1990 oder den drei Deutschen Meisterschaften mit dem FC Bayern München. Nein, mit 31 Jahren war auch Thon vom »königsblauen Fieber« befallen.

Die Erwartungshaltung war groß. 1:0 hatte man das erste Finale in Gelsenkirchen gewonnen. Und dieses Rückspiel gegen Inter Mailand – so hatte es Manager Rudi Assauer verkündet – sei die wohl wichtigste Partie in der Vereinsgeschichte.

»Wir können Geschichte schreiben«, verwies der Schalker Manager auch zurecht auf die Statistik. Schließlich war es zuvor erst fünf deutschen Teams gelungen, den UEFA Cup zu holen (Borussia Mönchengladbach in den Jahren 1975 und 1979, Eintracht Frankfurt 1980, Bayer Leverkusen 1988 und dem FC Bayern München 1996).

Das richtige Motto hatte die BILD-Zeitung nach dem erfolgreichen Hinspiel gleich vorgegeben: »Eine Hand am Pott.« Der Slogan

Olaf Thon mit dem UEFA Cup, UEFA-Präsident Lennart Johansson hat ihn überreicht. Unten: Siegerbild im Mailänder Meazza-Stadion

war auch im Mannschaftskreis täglich in aller Munde. Nun sollte die zweite Siegesfeier folgen.

Weil auch der Aberglaube bei Fußballern manchmal Berge versetzt, wurden in Schalke gleich noch andere Statistiken bemüht. Und nach denen konnte kaum etwas schief gehen: Denn zum sechsten Mal in der Geschichte des UEFA Cups ging ein Klub mit einem 1:0-Vorsprung in das zweite Finale. Und noch nie hatte dieser Vorsprung im zweiten Spiel nicht zum Titelgewinn gereicht.

Da rückten selbst sportliche Fragen fast in den Hintergrund. Denn Stürmer Martin Max hatte beim Bundesligaspiel (1:2 bei 1860) am Wochenende zuvor erst zum zweiten Mal nach seinem Bänderriss am 11. März spielen können. Huub Stevens grübelte, ob der Torjäger schon fit genug für das wichtige Endspiel sein würde.

Das andere Problem hieß Jens Lehmann. Der Torhüter stand in der Kritik, weil er in München einen einfachen Freistoß durch die Hände gleiten ließ. Doch Lehmann gab sich vor dem Anpfiff selbstbewusst: »Dieser Fehler belastet mich in keiner Weise. Ich bin nervenstark.«

Huub Stevens, der sich den Rat von Franz Beckenbauer holte

Und ebenfalls abergläubisch. Denn als Quartier wählten die Schalker Spieler das »Castello di Casiglio«, jenes Hotel, in dem schon die deutsche Nationalmannschaft während der Weltmeisterschaft 1990 untergebracht war – als sie Weltmeister wurde. Was lag da näher für Huub Stevens, als sich auch noch Tipps von Franz Beckenbauer zu holen. Der »Kaiser« verriet: »Auf keinen Fall dürft Ihr in Mailand mauern. Wenn Du mit dem Bus zum Spiel fährst und plötzlich diese riesige Arena siehst, dann läuft Dir garantiert ein Schauer über den Rücken. Da darf sich niemand in die Hosen machen.«

18 000 Fans waren mit ihren Lieblingen nach Mailand gereist, rund 30 000 saßen im Parkstadion vor einer Großleinwand und sahen pünktlich um 20.45 Uhr den Anpfiff des spanischen Schiedsrichters Josè Garcia.

Die Anfangsoffensive der Gastgeber fällt aus und Schalke hat Zeit, den Gegner und die eigenen Nerven unter Kontrolle zu

bekommen. Auch die ersten guten Tormöglichkeiten haben die Gäste, doch Marc Wilmots und Mike Büskens scheitern an Inter-Torwart Pagliuca. Auf der Gegenseite pariert Lehmann einen Schuss von Djorkaeff.

Torlos geht es in die Kabinen, und Stevens nutzt die Pause, um seine Spieler mehr zu fordern: »Traut Euch mehr. Wir dürfen nicht abwarten.«

Kurz nach der Pause haben wieder Djorkaeff und Ince die Inter-Führung auf dem Fuß. Und auch Wilmots und Büskens haben erneut Chancen für Schalke, das inzwischen versucht, das Spiel torlos über die Zeit zu bringen. Doch der Plan geht nicht auf.

300 Sekunden vor Spielende belohnt Zamorano die Leistungs-steigerung der Mailänder mit dem 1:0 und egalisiert mit diesem Treffer das Hinspielergebnis. Inter ist nun am Drücker, bringt sich aber selbst in Schwierigkeiten, als in der 89. Minute Abwehrspieler Fresi mit Gelb-Roter Karte vom Platz fliegt.

Der Krimi geht weiter in die Verlängerung. »Und da haben wir die Glücksgöttin Fortuna auf unserer Seite gehabt«, gibt Huub Stevens später zu. Denn Mailand ist klar überlegen, hat Riesen-chancen, trifft aber durch Stürmer Ganz nur die Querlatte.

So rettet sich Schalke ins Elfmeterschießen.

Millionen Zuschauer sehen die angespannten Gesichter, erleben, wie Jens Lehmann gedankenversunken im Strafraum sitzt.

Der Showdown beginnt mit dem Elfmeterschützen vom Dienst, Ingo Anderbrügge. Sicher verwandelt er in den rechten Torwinkel. Mailand hat Zamorano als ersten Schützen, weil der – so hat man es sich überlegt – durch sein Tor über großes Selbstvertrauen verfü-gen müsste. Der Südamerikaner schießt platziert, doch Lehmann hält den Schuss mit einer tollen Parade.

Jetzt ist der Kapitän am Zug. Olaf Thon täuscht Pagliuca und erzielt den zweiten Treffer. Djorkaeff und Max treffen sicher, und der alte Abstand bleibt bestehen. Jetzt ist der holländische Natio-nalspieler Aaron Winter an der Reihe. Aber bevor der dunkelhäu-tige Weltklasse-Kicker antritt, marschiert Lehmann zu ihm und flüstert ihm ins Ohr: »Pass auf, ich bleibe einfach stehen.« Mögli-

Ein Traum – auch für den Reporter

Auch für das Fernsehen war diese Partie ein Rie-senereignis. Der Privat-sender SAT.1 hatte für die Rekordsumme von 7,25 Millionen Mark den Zuschlag erhalten und damit die öffentlich-recht-liche Konkurrenz von ARD und ZDF beim Rech-tepoker ausgestochen. Mit 81 Mitarbeitern rückten sie im Stadion an und übertrugen die Partie mit 20 Kameras. Für den Kommentator Werner Hansch, die »Stimme des Ruhrge-biets«, geht an diesem Abend ein Traum in Erfüllung: »Bei Schalke begann meine Sportkar-riere.« Denn in der alten Glückauf-Kampfbahn hatte der ehemalige Trabrennbahnsprecher seine Premiere als Stadionansager. An die Heimschlappe der Schal-ker am 24. Februar 1973 mit 0:1 gegen Bayern erinnert sich Hansch ganz genau: »Da habe ich gleich einen Bock geschossen. Bei den Aufstellungen war ich so nervös, dass der Traberexperte mit mir durchging. Ich rief ins Mikrophon: ›Mit der Startnummer 1 bei Schalke: Norbert Nigbur!‹«

Was die Schalker Fans per Übertragung im Parkstadion erlebt haben, wollen sie nicht für sich behalten. 30 000 ziehen noch in der Nacht durch Gelsenkirchen. Singend und tanzend.

cherweise hat das den Niederländer so verwirrt, dass der seinen Elf-meter neben das Tor setzt. Somit steht es weiterhin 3:1 im Elfme-terschießen für Schalke, und der nächste Treffer könnte schon die Entscheidung bringen.

Wenn Marc Wilmots treffen würde, hätte Schalke gewonnen. Daheim im Parkstadion bei den 30 000 wird es für einen Moment still, als der Belgier fast unbeteiligt am Elfmeterpunkt steht. »Willi, das Kampfschwein« nennen ihn die Anhänger der Königsblauen liebevoll.

Alles dauert nur Sekunden und ist doch für Schalkes Ewigkeit bestimmt. Ein kurzer Anlauf, dann schießt Wilmots den Ball ins linke untere Eck. Es ist geschafft. Schalke ist am Ziel – UEFA-Cup-Sieger 1997.

Was sich in den Minuten danach abspielt, macht die Anspan-nung des Fußballkrimis deutlich. Die Spieler tollen wie kleine Jungs auf dem Rasen. Ihre Frauen klettern die Haupttribüne her-unter und rennen aufs Spielfeld. Sie erleben aus nächster Nähe mit, wie Olaf Thon die 15 Kilogramm schwere Trophäe in den dunklen Mailänder Himmel reckt.

»Mein größter Moment. Wir stehen jetzt in den Geschichtsbüchern neben Szepan und Kuzorra«, diktiert Thon wenig später den Reportern in die Notizbücher und schildert seine Gefühle: »Ich dachte, reiß dich zusammen, Olaf. Bloß nicht losheulen. Ich sah nach links und nach rechts – alle schluckten.«

Selbst der verletzte Stürmer Youri Mulder hoppelt wie ein Kaninchen über den Stadionrasen. Seinen Kreuzbandriss im Knie hat der Holländer vergessen. Youri freut sich mit seinen Kollegen, auch wenn er nicht spielen konnte. »Ein Beleg für die unglaubliche Kameradschaft in der Truppe«, sagt ein sichtlich bewegter Rudi Assauer.

In den frühen Morgenstunden plauderte dann Torwartheld Jens Lehmann sein Elfergeheimnis aus: »Der Trainer ist eigentlich der wahre Sieger. Denn er hatte alle Tricks und Lieblingsecken der wahrscheinlichen Strafstoßschützen in seinem tragbaren Computer gespeichert.«

Aber ausgerechnet den dritten Strafstoßkandidaten Winter hatte Stevens nicht auf Diskette. Lehmann: »Deshalb musste ich mir blitzschnell eine eigene Strategie zurecht legen. Aber das hat ja geklappt.«

Wie fast alles in einer der schönsten Nächte der Schalker Fußballgeschichte.

Zoff bei Inter

Als nach dem Abpfiff in der Schalker Kabine der Champagner in Strömen floss, flogen ein paar Meter weiter bei Gastgeber Inter die Fäuste. Der Argentinier Zanetti hatte sich nicht mehr im Griff, drehte völlig durch und ging seinem Trainer Hodgson an den Kragen. Nur mit Hilfe einiger Mitspieler konnte die Schlägerei beendet werden.

Borussia Dortmund – FC Schalke 04 0:4

Möllers Heimkehr wird zum Triumph

Dieser Tag wird in der Vereinschronik wohl für immer einen Ehrenplatz einnehmen. 14 Namen stehen für einen königsblauen Feiertag, der im Kampf um die Vormachtstellung im Revier ein neues Zeitalter anbrechen lassen könnte.

Heiko Herrlich im Schalker Strafraum – ratlos und allein

Oliver Reck, Tomasz Hajto, Tomasz Waldoch, Nico van Kerckhoven, Niels Oude Kamphuis, Radoslav Latal, Yves Eigenrauch, Olaf Thon, Jörg Böhme, Christian Mikolajczak, Andreas Möller,

Ebbe Sand, Youri Mulder und Emile Mpenza. 14 Spieler, die etwas Einzigartiges geschafft hatten.

4:0 gewannen sie gegen Dortmund. Nein, nicht nur gegen den Rivalen, sondern in dessen Fußballtempel Westfalenstadion.

Es war der vorläufige Höhepunkt einer Saison, die mit einem Bilderbuchstart begann. Gleich zum Auftakt schlug Schalke zu Hause Aufsteiger 1. FC Köln mit 2:1, bevor ein leichter 4:0-Erfolg im Ostseestadion bei Hansa Rostock folgte. Am dritten Spieltag wurde der Neuling Energie Cottbus 3:0 geschlagen. Ein optimaler, perfekter Start mit neun Punkten und 9:1 Toren, dem zwei 1:1-Unentschieden im Münchner Olympiastadion und im Heimspiel gegen Werder Bremen folgten.

Schalke fuhr mit einem Punkt Rückstand, aber mit großem Selbstvertrauen nach Dortmund. Und es sollte ein in jeder Hinsicht besonderes Spiel werden, vor allem für Spielmacher Andreas Möller, der vor Saisonbeginn vom BvB zu den Schalkern gewechselt war.

90 Minuten später, nach dem Abpfiff von Schiedsrichter Dr. Markus Merk, hatte sich Möller mit nacktem Oberkörper vor dem Gästeblock aufgebaut und sich von den Fans feiern lassen.

*Im 114. Revierderby
kassiert Dortmund
die höchste Heim-
niederlage.*

Allein steht er da in seinem früheren Stadion, das für ihn jahrelang so etwas wie seine Heimat bedeutet hat. Nun ist es auf einmal fremd geworden. Wie zum Trotz ballt Möller noch einmal beide Fäuste und macht mit den Schalker Fans die La-Ola-Welle. Sein Trikot mit der Nummer 7 ist schon lange über den Zaun geflogen. Das Gerangel der Anhänger um das verschwitzte Souvenir zeigt den plötzlichen Stellenwert des Neuzugangs.

Das war nicht immer so. Jahrelang war Möller bei den Schalke-Fans »Staatsfeind Nr. 1«. Als Andy 1994 von Juventus Turin nach Dortmund wechselte, begann für den Nationalspieler erneut der Spießrutenlauf im Revier. Pfeifkonzerte und Schmährufe bei allen Derbys, Möller wird als »Heulsuse« gehänselt und verspottet.

Nun trägt er Blau statt Schwarz-Gelb. Keine leichte Aufgabe für den Überläufer, den Schalkes Anhänger nicht gerade mit offenen Armen empfangen haben. Schon in der Vorbereitung und bei den ersten Freundschaftsspielen hingen Transparente gegen den Millionentransfer an den Zäunen. Viele Anhänger waren strikt gegen diesen Wechsel. Einige zerrissen demonstrativ ihre gerade erworbene Jahreskarte, manche traten sogar aus dem Verein aus. Die

Stimmung war gereizt und hoch explosiv. Doch Trainer Huub Stevens und Rudi Assauer lassen sich nicht beirren und halten trotz der heftigen Kritik an Möller fest.

Endlich, ausgerechnet in Dortmund an diesem 6. Spieltag, schafft der 33-Jährige den Durchbruch. Möller ist der Held im Westfalenstadion, und er genießt die Ovationen und die neue Zuneigung seiner Fans.

Vergessen ist das Meer von Taschentuch schwenkenden gelbschwarzen Fußballfreunden, die dem vermeintlich weinerlichen »Verräter« optisch eine Rotzfahne reichen wollten. Auch die mit viel Hass und Ablehnung gemalten Plakate mit Parolen wie »Einmal Verräter – immer Verräter« oder »Willkommen, Judas« hat er ignoriert.

Die Antwort hat er auf dem Platz gegeben. »Ich habe immer gesagt, dass das Westfalenstadion mein Wohnzimmer ist. Das war wie im Film, so wie ich es mir erträumt habe, ein Wahnsinnserlebnis. Wir haben eine Fußballdemonstration abgeliefert, sind unglaublich dominant und souverän aufgetreten«, sprudelt es aus Möller heraus. Doch plötzlich stockt Andy, als wäre ihm bewusst geworden, dass er seinen Triumph doch lieber leise genießen sollte.

Mittlerweile drehen seine Kollegen zum x-ten Mal eine Ehrenrunde im fast leeren Westfalenstadion, untermalt nur durch die Jubelgesänge ihres treuen Anhanges.

Zwei Stunden zuvor wunderten sich die Schalker Profis nach dem Anpfiff des Spitzenspiels und 115. Derbys über die sehr defensive Grundhaltung der Gastgeber. Kamen die Dortmunder doch gerade mit einem 3:2-Erfolg vom Champions-League-Teilnehmer Hamburg zurück.

Doch von stolzgeschwellter Brust der Borussia war nichts zu spüren. Sie versuchten oft mit langen Bällen die glänzend organisierte und gestaffelte Abwehr der Schalker in Verlegenheit zu bringen. Doch diese Taktik ging daneben.

Aus dem starken Schalker Mittelfeld wurden die Angreifer Ebbe Sand und Emile Mpenza immer wieder mit klugen Pässen auf die Reise geschickt, und dabei setzte sich neben Möller auch Olaf Thon immer wieder stark in Szene. Der Schalker Jung kehrte nach

»Manager Rudi Assauer hat eine gute Nase gehabt. Hätte er nicht Trainer Stevens den Rücken frei gehalten, wären solche Feste gar nicht möglich.«
Günter Netzer

längerer Verletzungszeit in die Mannschaft zurück und zeigte eine gute Leistung.

»Es war für mich schon ein besonderes Spiel. Ich wusste nicht so recht, wo ich stehe. Es freut mich um so mehr, dass wir alles im Griff hatten und vor allem so konstant miteinander gespielt haben«, berichtete Thon nach dem Abpfiff.

Schalkes Tore waren fast eine logische Folge der klugen und durchdachten Spielweise.

In der 39. Minute verwandelte Jörg Böhme einen Foulelfmeter zur Schalker Führung, nachdem Torwart Jens Lehmann den heranstürmenden belgischen Nationalstürmer Mpenza von den Beinen geholt hatte. Mannschaftsdienlich überließ der eigentliche Elfermeterschütze Möller Mitspieler Böhme die Ausführung. Der ehemalige Bielefelder hatte schon eine Woche zuvor gegen Werder Bremen sicher verwandelt. »Jörg fühlte sich sicher. Und es geht nur darum, dass wir vorankommen. Ich bin gekommen, um mich als

Andy Möller nimmt nach dem Spiel die Ovationen der Schalke-Fans entgegen und hat dafür sein neues, das königsblaue Trikot verschenkt.

Mannschaftsspieler zu beweisen und nicht, um Torschützenkönig zu werden«, erklärte ein glücklicher Möller.

Sekunden vor dem Halbzeitpfiff fiel schon die Vorentscheidung. Der Tscheche Radoslav Latal passte auf Mpenza, und der Belgier erzielte mit einem Rechtsschuss das 2:0.

Nach genau einer Stunde war die Konfusion in der Hintermannschaft der Dortmunder komplett. Nationalspieler und Florenz-Heimkehrer Jörg Heinrich erzielte mit einem Eigentor den dritten Schalker Treffer. Das 4:0 von Sand (76.) rundete den gelungenen Ausflug in die Bierstadt nur ab.

Die frustrierten Kommentare der Gastgeber nach dem Abpfiff klangen den Schalkern wie Loblieder auf ihre eigene starke Leistung.

BvB-Trainer Matthias Sammer: »Ich finde nur schwer Erklärungen. Bei unseren Anhängern muss ich mich entschuldigen. Ich an ihrer Stelle hätte auch nicht mehr die Kraft gefunden, um zu pfeifen.«

Dortmunds Manager Michael Meier: »Das war eine ganz bittere Geschichte. Du brauchst eine Halbserie, um sie zu verarbeiten.«

Heinrich: »Wir hatten über 90 Minuten keine Chance gegen Schalke. Dafür habe ich keine Erklärung.«

Richtig einordnen konnte die Pleite besonders ein Dortmunder, der in Schalke einst groß geworden war. Torwart Jens Lehmann sagte nur: »Ausgerechnet gegen meinen Ex-Klub. Das war eine der bittersten persönlichen Niederlagen meiner Karriere.«

FC Schalke 04 – 1. FC Union Berlin 2:0

Der Trauer folgen Tränen der Freude

Szepan und Kuzorra hätten ihre Freude und wären stolz auf ihre Knappen

Der Schlussakkord versöhnt dann doch noch alle. Kaum einer unter den 70 000 Fans im Berliner Olympiastadion und den Millionen an den TV-Geräten, der den Schalkern diesen Pokalsieg nicht gönnen würde. Nach 29 Jahren feiern die Königsblauen endlich wieder einen Titel auf nationaler Ebene und holen sich mit dem

2:0 gegen den 1. FC Union Berlin zum dritten Mal in ihrer Geschichte den DFB-Pokal.

»Ich freue mich, dass wir diesen Pokal gewonnen haben. Der
Druck war sehr groß, denn es war nicht einfach, die Mannschaft
nach der verpassten Meisterschaft wieder aufzurichten«, gibt Schalkes Trainer Huub Stevens nach dem Schlusspfiff zu. Dann fügt der
Holländer hinzu: »Dieser Erfolg gehört unseren Fans. Was die mit-
gemacht haben, ist einfach unglaublich.« Da stehen die Anhänger
der Schalker noch auf den Rängen des Olympiastadions. Wieder
fließen die Tränen.

Wie schon eine Woche zuvor beim letzten Spiel im Gelsenkirchener Parkstadion gegen Unterhaching. 0:2 hatte Schalke im nie
dagewesenen Bundesliga-Krimi gegen den Absteiger hinten gelegen,

*Die Vorentscheidung
in Berlin: Jörg Böhme
hebt gefühlvoll den Ball
über die Union-Mauer
zur 1:0-Führung.*

Sie gehen mit ihrer Mannschaft durch Dick und Dünn, durch alle Tiefen und jetzt auch Höhen: die Schalker Fans im Pokal-Jubel 2001

holte dann auf zum Stand von 2:2, doch wieder gingen die Hachinger mit 3:2 in Führung. Und wieder konterte Schalke, siegte am Ende noch klar mit 5:3 und glaubte sich nach dem Abpfiff als Deutscher Meister.

Denn aus Hamburg war die Kunde gekommen, dass der HSV durch Sergej Barbarez in der 90. Minute das 1:0 gegen Tabellenführer Bayern München erzielt hatte. Damit war Schalke vorne und stand dank des besseren Torverhältnisses auf einmal wieder ganz oben. Dort, wo die Königsblauen wochenlang scheinbar uneinholbar Richtung Meisterschaft marschiert waren, bevor sie in sieben Sekunden am 33. Spieltag in der 90. Minute ihre hervorragende Ausgangsposition verloren. Während nämlich Schalke in Stuttgart in jener Minute durch einen Verzweiflungsschuss von Krassimir

135

Thons Auftritt

In den letzten zehn Minuten verteilte Huub Stevens noch kleine Geschenke: Erst brachte der Trainer Radoslav Latal für Asamoah, später auch noch Mike Büskens für van Kerckhoven und würdigte damit die großen Verdienste und den jahrelangen Einsatz der Beiden.

Dann kam unter dem Jubel der 40 000 Schalker Fans auch noch Olaf Thon. Immerhin hatte Schalkes Symbolfigur der Neuzeit noch nie den DFB-Pokal gewonnen. Er spielte in den letzten Minuten. Und durfte danach voller Stolz die Trophäe in die Höhe halten und strahlte: »Ich habe mich sehr gefreut. Es war eine große Geste, mich doch noch einzuwechseln.«

Balakov mit 0:1 verlor, schafften die Bayern genau diese sieben Sekunden später noch das 2:1 gegen Kaiserslautern in der Nachspielzeit durch Alexander Zickler.

Nun aber hatten die Bayern den vermeintlichen Todesstoß in der letzten Minute bekommen und aufgeschreckt durch vorschnelle TV-Reporter (»Ihr seid Meister. Das Spiel in Hamburg ist aus!«) wurde auf Schalke bereits gefeiert – viereinhalb Minuten lang. Raketen flogen in den Himmel, die Fans stürmten den Rasen und überall lagen sich Menschen in den Armen.

Bis auf einmal seltsame Bilder über die Monitore liefen. »Wir kamen gerade in die Kabine, freuten uns wie kleine Kinder und sahen irgendeinen Freistoß für Bayern. Das sah erst aus wie eine Zusammenfassung, denn das Spiel musste doch längst zu Ende sein«, erinnert sich Andreas Möller an diese Sekunden. Auch im Stadion liefen plötzlich diese Bilder über die Anzeigetafel. Doch was wie eine Aufzeichnung aussah, war um 17.21 Uhr immer noch live aus Hamburg. »Als der Freistoß der Bayern in der 94. Minute reingeht, habe ich gedacht, die Welt geht unter«, erzählt Ebbe Sand. Münchens 1:1 in der fünften Minute der Nachspielzeit stürzt Schalke ins Tal der Tränen.

Hemmungslos weinen die Spieler, auch Trainer Stevens und Manager Assauer kullern die Tränen in Bächen über die Wangen. »Das ist das Grausamste, was ich je im Fußball erlebt habe«, schluchzt Assauer und erklärt: »Wenn es je einen Fußball-Gott gab, glaube ich an diesen seit heute nicht mehr.«

Es dauerte Tage, bis die Enttäuschung des verpassten Titels zumindest etwas abgeklungen war. Immerhin hatten die Schalker, von den eigenen Fans nun zum »Meister der Herzen« erkoren, eine ganz große Saison gespielt, schlugen die Bayern zweimal und feierten mit dem 4:0 in Dortmund einen der prestigeträchtigsten Erfolge der Vereinsgeschichte. »Was die Mannschaft geleistet hat, ist sensationell. Sicherlich hat Schalke in dieser Saison den schönsten Fußball gespielt«, lobte sogar Bayern-Präsident Franz Beckenbauer den Vizemeister, der damit die direkte Qualifikation für die Champions League erreichte.

Die Last der Freude trägt Manager Rudi Assauer.

Jetzt, um 21.22 Uhr an diesem Samstag in Berlin, weinen die Fans wieder. Doch diesmal sind es Freudentränen. Der Finalsieg gegen Union lässt das Ventil der aufgestauten Emotionen dieser Wochen platzen. »So ist diese tolle Spielzeit noch würdig mit einem Titel beendet worden«, freut sich Huub Stevens, der zuvor neunzig bange Minuten miterleben musste.

Denn gegen den Drittligisten tat sich Schalke lange Zeit schwer, hatte auch noch Glück, dass die hochmotivierte, starke Union-Mannschaft erst Latte, dann Pfosten traf. Dann entschied Schalke das Spiel durch zwei Standardsituationen: Erst zirkelte Jörg Böhme in der 53. Minute einen Freistoß mit links in den Winkel, dann verwandelte der ehemalige Bielefelder einen Elfmeter (58.) zum 2:0-Endstand. »Wir waren manchmal zu hastig und gerade in der Anfangsphase viel zu nervös«, gestand der Torschütze. »Aber die Vorstellung, nach einer solchen Saison ohne Titel als Verlierer da-zustehen, macht einem schon ganz schön zu schaffen.«

Dabei hätten die Schalker nur in ihrer Geschichte nachlesen müssen. Denn schon einmal erlebten sie 1972 die gleichen Konstel-lation. Auch damals verpasste Schalke gegenüber den Bayern die Meisterschaft, wurde dann aber (5:0 gegen Kaiserslautern) als Trost-pflaster Pokalsieger. Wie auch in dieser Sternstunde des Jahres 2001.

Man ist auf der Hut auf Schalke und zeigt sich stolz.

Schalkes Meisterschaftsendspiele

11. Juni 1933 in Köln   **0:3 (0:1) gegen Fortuna Düsseldorf**

Schalke: Mellage, Wohlgemuth, Zajons, Tibulski, Bornemann, Valentin, Rosen, Szepan, Nattkämper, Kuzorra, Rothardt – **Düsseldorf:** Pesch, Trautwein, Bornefeld, Janes, Bender, Breuer, Mehl (1), Wigold, Hochgesang (1), Zwolanewski (1), Kobierski – **Zuschauer:** 60 000

24. Juni 1934 in Berlin   **2:1 (0:0) gegen den 1. FC Nürnberg**

Schalke: Mellage, Bornemann, Zajons, Tibulski, Szepan (1), Valentin, Urban, Kalwitzki, Nattkämper, Kuzorra (1), Rothardt – **Nürnberg:** Köhl, Popp, Munkert, Kreisel, Billmann, Oehm, Gußner, Eiberger, Kund, Friedel (1), Schmitt – **Zuschauer:** 46 000

23. Juni 1935 in Köln   **6:4 (3:0) gegen den VfB Stuttgart**

Schalke: Mellage, Bornemann, Nattkämper, Tibulski, Szepan, Valentin, Kalwitzki (1), Gellesch (1), Pörtgen (3), Kuzorra, Urban (1) – **Stuttgart:** Kapp, Seybold, Kotz, Rebmann, Buck, Hahn, Koch (1), Rut (1), Lehmann, Bökle (2), Haaga – **Zuschauer:** 74 000

20. Juni 1937 in Berlin   **2:0 (1:0) gegen den 1. FC Nürnberg**

Schalke: Klodt, Bornemann, Schweißfurth, Gellesch, Tibulski, Berg, Kalwitzki (1), Szepan, Pörtgen (1), Kuzorra, Urban – **Nürnberg:** Köhl, Billmann, Munkert, H. Uebelein, Carolin, Oehm, Gußner, Eiberger, Friedel, Schmitt, J. Uebelein – **Zuschauer:** 100 000

26. Juni 1938 in Berlin   **3:3 (1:1, 3:3) nach Verlängerung gegen Hannover 96**

Schalke: Klodt, Sontow, Bornemann, Gellesch (Eigentor), Tibulski, Kalwitzki (1), Berg, Szepan, Pörtgen (2), Kuzorra, Mecke – **Hannover:** Pritzer, Sievert, Petzold, Jakobs, E. Deike, Männer, Malecki, E. Meng (1), Pöhler, Lay, R. Meng (1) – **Zuschauer:** 100 000

Wiederholungsspiel
3. Juli 1938 in Berlin   3:4 (1:1, 3:3) nach Verlängerung gegen Hannover 96

Schalke: Klodt, Sontow, Bornemann, Gellesch, Tibulski, Berg, Kalwitzki, Pörtgen, Szepan (1), Kuzorra (2), Mecke – **Hannover:** Pritzer, Sievert, Petzold, Jakobs (1), Deike, Männer, Melecki, Pöhler, E. Meng (1), Lay (1), R. Meng (1) – **Zuschauer:** 100 000

18. Juni 1939 in Berlin   9:0 (4:0) gegen Admira Wacker Wien

Schalke: Klodt, Bornemann, Schweißfurth, Gellesch, Tibulski (1), Berg, Szepan (1), Eppenhoff, Kalwitzki (5), Kuzorra (1), Urban (1) – **Wien:** Buchberger, Mirschitzka, Marischka, Hanreiter, Klacl, Urbanek, L. Vogt, Hahnemann, Stoiber, Durspekt, Schilling – **Zuschauer:** 100 000

21. Juli 1940 in Berlin   1:0 (1:0) gegen den Dresdner SC

Schalke: Klodt, Bornemann, Hinz, Füller, Tibulski, Burdenski, Eppenhoff, Szepan, Kalwitzki (1), Kuzorra, Schuh – **Dresden:** Kreß, Pohl, Hempel, Strauch, Dzur, Schubert, Boczek, Schaffer, Schön, R. Hofmann, Köpping – **Zuschauer:** 95 000

22. Juni 1941 in Berlin   3:4 (2:0) gegen den SC Rapid Wien

Schalke: Klodt, Bornemann, Schweißfurth, Füller, Tibulski, Gellesch, Burdenski, Szepan, Eppenhoff (1), Kuzorra, Hinz (2) – **Wien:** Raftl, S. Wagner, Sperner, F. Wagner, Gernhardt, Skoumal, Schors (1), Fitz, Binder (3), Dworacek, Pesser – **Zuschauer:** 95 000

5. Juli 1942 in Berlin   2:0 (2:0) gegen First Vienna Wien

Schalke: Flotho, H. Hinz, Schweißfurth, Bornemann, Tibulski, Burdenski, Kalwitzki (1), Eppenhoff, Kuzorra, Urban – **Wien:** Ploc, Kaller, Schmaus, Kubicka, Sabeditsch, Jaburek, Bortoli, Decker, Holeschofsky, Lechner, Erdi – **Zuschauer:** 90 000

18. Mai 1958 in Hannover   3:0 (2:0) gegen den Hamburger SV

Schalke: Orzessek, Sadlowski, Brocker, Borutta, O. Laszig, Karnhof, Kördel, Koslowski, Siebert, Kreuz (1), Klodt (2) – **HSV:** Schnoor, Piechowiak, Klepacz, Werner, Posipal, Meinke, Krug, Stürmer, U. Seeler, Schlegel, Reuter – **Zuschauer:** 80 000

Schalkes DFB-Pokal-Endspiele

8. Dezember 1935 in Düsseldorf   **FC Schalke 04 – 1. FC Nürnberg 0:2**

Schalke: Mellage, Bornemann, Schweißfurth, Gellesch, Nattkämper, Tibulski, Kalwitzki, Szepan, Pörtgen, Kuzorra, Urban

2. Januar 1937 in Berlin   **FC Schalke 04 – VfB Leipzig 1:2**

Schalke: Mellage, Bornemann, Schweißfurth, Gellesch, Nattkämper, Tibulski, Kalwitzki (1), Szepan, Pörtgen, Kuzorra, Sontow

9. Januar 1938 in Köln   **FC Schalke 04 – Fortuna Düsseldorf 2:1**

Schalke: Klodt, Sontow, Bornemann, Gellesch, Tibulski, Berg, Kalwitzki (1), Szepan (1), Pörtgen, Kuzorra, Urban

2. November 1941 in Berlin   **FC Schalke 04 – Dresdner SC 1:2**

Schalke: Klodt, Bornemann, Schweißfurth, Burdenski, Gellesch, Füller, Kalwitzki, Szepan, Eppenhoff, Kuzorra (1), Barufka

15. November 1942 in Berlin   **FC Schalke 04 – TSV 1860 München 0:2**

Schalke: Flotho, Hinz, Schweißfurth, Bornemann, Tibulski, Berg, Kalwitzki, Szepan, Eppenhoff, Kuzorra, Urban

21. Mai 1955 in Braunschweig   **FC Schalke 04 – Karlsruher SC 2:3**

Schalke: Orzessek, Garten, Brocker, Eppenhoff, Zwickhofer, Harkener, Klodt, Laszig, Sadlowski (2), Piontek, Krämer

14. Juni 1969 in Frankfurt   **FC Schalke 04 – FC Bayern München 1:2**

Schalke: Nigbur, Becher, Neuser, Fichtel, Rausch (Galbierz), van Haaren (Slomiany), Erlhoff, Senger, Wittkamp, Libuda, Pohlschmidt

1. Juli 1972 in Hannover   **FC Schalke 04 – 1. FC Kaiserslautern 5:0**

Schalke: Nigbur, Hihse, Rüßmann, Fichtel, Helmut Kremers (2), Lütkebohmert (1), Scheer (1), van Haaren, Libuda, Fischer (1), Erwin Kremers

26. Mai 2001 in Berlin   **FC Schalke 04 – 1. FC Union Berlin 2:0**

Schalke: Reck, Hajto, Nemec (Thon), van Kerckhoven (Büskens), Asamoah (Latal), Oude Kamphuis, van Hoogdalem, Böhme (2), Mpenza, Sand

Die beiden UEFA-Cup-Finals

| **7. Mai 1997** | **FC Schalke 04 – Inter Mailand 1:0 (0:0)** |

Schalke: Lehmann, Thon, Linke, de Kock, Eigenrauch, Nemec, Müller, Büskens (67. Max), Anderbrügge, Wilmots, Latal – **Mailand:** Pagliuca, Bergomi, Paganin, Fresi (62. Berti), Pistone, Zanetti, Sforza, Galante, Winter, Ganz, Zamorano – **Zuschauer:** 56 824 – **Tor:** 1:0 Wilmots (70.)

| **21. Mai 1997** | **Inter Mailand – FC Schalke 04 1:0 n.V. (0:0, 1:0) – 1:4 nach Elfmeterschießen** |

Mailand: Pagliuca, Bergomi (72. Angloma), Paganin, Fresi, Pistone, Zanetti (120. Berti), Ince, Sforza (82. Winter), Djorkaeff, Ganz, Zamorano – **Schalke:** Lehmann, Thon, Linke, de Kock, Latal (111. Held), Eigenrauch, Müller (98. Anderbrügge), Nemec, Büskens, Wilmots, Max – **Zuschauer:** 81 675 – **Tor:** 1:0 Zamorano (85.) – **Elfmeterschießen:** 0:1 Anderbrügge, Lehmann hält gegen Zamorano, 0:2 Thon, 1:2 Djorkaeff, 1:3 Max, Winter schießt vorbei, 1:4 Wilmots

Die Vorsitzenden des FC Schalke 04

Heinrich Hilgert	(1904 bis 1914)
Robert Schuermann	(1914 bis 1924)
Fritz Unkel	(1924 bis 1938)
Heinrich Tschenscher	(1938 bis 1940)
Heinrich Pieneck	(1940 bis 1945)
Dr. Lenig	(1945 bis 1947)
Josef Wietfeld	(1947 bis 1950)
Albert Wildfang	(1950 bis 1953)
Albert Möritz	(1953 bis 1958)
Dr. Georg König	(1958 bis 1964)
Fritz Szepan	(1964 bis 1967)
Günter Siebert	(1967 bis 1976)
Dr. Karl-Heinz Hütsch	(1976 bis 1978)
Günter Siebert	(1978 bis 1979)
Dr. Hans-Joachim Fenne	(1980 bis 1986)
Günter Siebert	(Feb.87 bis 19.9.88)
Michael Zylka	(21.11.88 bis 24.11.88)
Günter Eichberg	(16.1.89 bis 17.10.93)
Bernd Tönnies	(7.2.94 bis 1.7.94)
Helmut Kremers	(12.9.94 bis 3.11.94)
Gerhard Rehberg	(seit 12.12.94)

Register

STERNSTUNDEN DES SPORTS

VELTINS

Legenden · Mythen · Höhepunkte

SPORT
VERLAG
BERLIN

Mit begeisterndem Offensivfußball spielte sich Schalke 04 in die Herzen der Fans, wurde nur knapp hinter Bayern München Vizemeister

Editorial

Spannend, unter-
haltsam, trotzdem
informativ – das ist
»Sternstunden des
Sports – Schalke 04«
präsentiert von
VELTINS

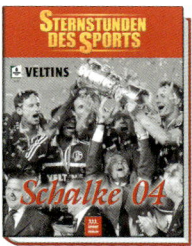

Sehr geehrte Damen und Herren,
liebe Leserinnen und Leser,

die ersten neun Bände der neuen Reihe »Sternstunden des Sports«
lassen die Herzen der Sportfans höher schlagen. Kompetente
Autorenteams machen hier noch einmal die tollsten Spiele, die
spektakulärsten Rennen, die packendsten Fights und die unver-
gesslichen Stars lebendig. Garniert mit den besten Fotos aus aller
Welt werden Alt und Jung gerne in Erinnerungen an diese
Höhepunkte des Sports schwelgen.
Viel Spaß bei der Lektüre wünscht Ihnen der Sportverlag Berlin.
Ständig aktuelle Informationen über sportliche Ereignisse und die
dazugehörigen Bücher finden Sie auf unserer Homepage:
www.sportverlag-berlin.de. Besuchen Sie uns doch einfach mal im
Internet!

Mit herzlichen Grüßen
Ihr

Helmut Krüger
Verlagsleiter

Sportsponsoring macht's möglich

Sport – das ist Erfüllung, Begegnung und Spaß, aber auch Leistung und Geselligkeit. Die Brauerei C.&A. VELTINS setzt seit über zwei Jahrzehnten auf Sponsoring. Wo Siege gefeiert wurden – VELTINS war nicht weit. Inzwischen änderten sich die Rahmenbedingungen. Die Marke VELTINS setzt unverändert auf einen Mix im Sportsponsoring, der aber heute von den zwei Säulen Formel 1 und Fußball getragen wird. Dort gewinnt die Marke VELTINS das, was sie im heutigen Wettbewerb benötigt: zeitgemäße Sympathie, aktuelle Bekanntheit und unerlässliche Dynamik!

Positiver Imagegewinn für beide Seiten

Begonnen hatte das wegweisende Fußball-Sponsorship beim FC Schalke 04 im Juli '97. Damals wurde der erste Vertrag zwischen der Privatbrauerei C.&A. VELTINS und dem Bundesligisten aus dem Revier unterzeichnet – die sauerländische

Einiges auf dem Kasten: Ralf Schumacher, der 2001 erstmals auf dem Siegertreppchen ganz oben stand

4

*Marketingleiter der
Brauerei C.&A. VELTINS*

Pilsmarke prangte fortan auf den Shirts der Blauweißen. Dass der Gelsenkirchener Kult-Club und die Sauerländer Premium-Brauer verlässliche Partner geworden sind, hat gute Gründe: »Schalke 04 gehört zu den beliebtesten Klubs der Fußball-Bundesliga. Mit seiner tiefen Verwurzelung im Herzen Westfalens und seiner großen Anhängerschaft in ganz Deutschland ist der Verein für

1. Welchen Gedanken verbindet das Sponsoring mit Ihrem Unternehmen?

Herbert Sollich: Beim Sponsoring geht es jetzt primär darum, den Bekanntheitsgrad und die Sympathiewerte durch einen wirkungsvollen Imagetransfer auf die Marke VELTINS zu übertragen. Der Einsatz von finanziellen Mitteln im Sponsoring muss selbstverständlich ein Höchstmaß an Effizienz bieten. Nur dann macht das Engagement wirklich Sinn.

uns der ideale Partner für einen positiven Imagegewinn«, so Dr. Volker Kuhl, VELTINS-Geschäftsführer Marketing und Vertrieb. In der Saison 2001/2002 engagiert sich VELTINS als Hauptsponsor der neuen Arena »Auf Schalke« und als Co-Sponsor der Vereinsaktivitäten des FC Schalke 04.

Bei Sympathie weiter Punkte sammeln

Publikumsattraktives Sportsponsoring, so das VELTINS-Selbstverständnis, wird als ein wichtiges Instrument zur Kommunikation mit dem Endverbraucher eingesetzt. Es bringe die positiven Werte des Fußballsports und den Kult-Charakter vom FC Schalke 04 ideal mit der Marke VELTINS in Einklang, belegen aktuelle Ergebnisse der qualitativen Marktforschung. Dr. Volker Kuhl: »Das hilft uns spürbar bei unseren Vertriebsaktivitäten im Kernabsatzgebiet Nordrhein-Westfalen.« Aber auch national leistete die Präsenz in der ersten Bundesliga in den letzten Jahren wichtige Basisarbeit, weil VELTINS in der Gunst des Publikums weitere Punkte bei Bekanntheit, Sympathie und

2. Wie findet sich das Sponsoring in Ihrer Unternehmenskultur, -philosophie wieder?

Herbert Sollich: Das teamorientierte Miteinander, das insbesondere im zurückliegenden Jahrzehnt zu einem festen Bestandteil der Unternehmensphilosophie geworden ist, spiegelt sich heute im Sportsponsoring ausdrucksvoll und reichweitenstark wider.

3. Wie erfolgt eine Erfolgskontrolle der Sponsoring-Maßnahmen?

Herbert Sollich: Dank der umfassenden Möglichkeiten, die die Marktforschung heute bietet, können alle Sponsoringleistungen ständig auf ihre Effizienz hin überprüft werden. Unterschiedliche Messmethoden in qualitativer und quantitativer Hinsicht bringen zeitnahe Ergebnisse, um hilfreiche Erkenntnisse zu gewinnen.

Schalke hat eine heiße Saison geliefert.

Und wir frisches Veltins.

Wir danken dem FC Schalke 04 für eine großartige Saison

Frisches Veltins.

Beliebtheit gesammelt hat. »Wir wollen die begonnenen inte-grierten Kommunikationskonzepte forciert ausgestalten«, gibt VELTINS-Marketingleiter Herbert Sollich einen Ausblick auf das, was demnächst folgt.

Feierten ausgelassen mit frischem Veltins: Schalke-04-Spieler nach dem 2:0-Pokalsieg gegen Union Berlin

Sponsorship-Hopping ohne Überlebenschance

Entscheidend für VELTINS ist eine vollständige Integration des Schalke-04-Sponsorships in das Kommunikationskonzept. »Die Vernetzung der Aktivitäten rund um das Schalke-Engagement mit den klassischen Marketinginstrumenten und dem Vertrieb ist immens wichtig, denn erst das Zusammenspiel verschiedener Maßnahmen führt zum gewünschten Erfolg«, erläutert der VELTINS-Marketingleiter sein Bemühen. Wie vielseitig und zukunftsweisend die Kooperation zwischen VELTINS und dem FC Schalke 04 ist, belegt auch das Engagement der Brauerei als Hauptsponsor beim innovativen Stadion-Projekt der Arena »Auf Schalke«. Das Engagement beinhaltet neben dem Ausschank von frischem VELTINS bei allen Veranstaltungen unter anderem auch einen dominanten werblichen Auftritt der Premium-Pilsmarke in der Schalke-Arena. »Das Stadion ist für das nächste Jahrtausend konzipiert – ein enorm innovatives Projekt, das optimal zu unse-rer Marke passt«, ist Dr. Volker Kuhl überzeugt.

Legenden · Mythen · Höhepunkte

Die besten Teams und die großen Spiele in der Champions League und dem Europapokal der Landesmeister – in spannenden Texten und faszinierenden Bildern. Auf den Spuren der großen Spieler, die die internationale Fußballbühne beherrschten – bis hin zum Jahr 2001, als die Bayern nach 25 Jahren in Mailand wieder die Krone im europäischen Fußball erkämpften.

Die großen Spiele um den DFB-Vereinspokal, ausgetragen seit 1935, die legendären Mannschaften und die überraschendsten Außenseiter-Siege sowie die dramatischsten Entscheidungen an diesem alljährlichen »Festtag des deutschen Fußballs«, der seit 1985 wieder im Berliner Olympiastadion stattfindet – in spannenden Texten und faszinierenden Bildern.

Nürnberg – ein ganz besonderer Klub. Wir lassen noch einmal die größten Spiele des Klubs Revue passieren. Wie die Elf von Max Merkel, dem berühmten Österreicher, 1969 letztmals deutscher Meister wurde, wie Nürnberg sich ins Oberhaus zurückkämpfte. Und auch die großen Spiele um die Meisterschaft aus der Vergangenheit des Traditionsvereins.

Die großen Geschichten zu den großen Namen: Uwe Seeler, Willi Schulz, Manni Kaltz, Kevin Keegan, Meistermacher Ernst Happel, Franz Beckenbauers letzte Station als Spieler, Thomas Doll, Horst Hrubesch, Felix Magath, Günther Netzer, Charly Dörfel, Anthony Yeboah, Yordan Letchkov, Branco Zebec, Vater Erwin Seeler. Darüber hinaus natürlich die großen Triumphe.

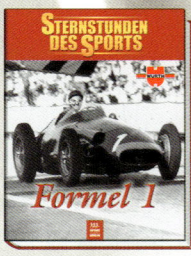

Die großen Rennen aus einem halben Jahrhundert Grand-Prix-Geschichte, die legendären Fahrer in ihren rasenden Boliden, die Faszination des Formel-1-Motorsports in spannenden Texten und faszinierenden Bildern. Juan Manuel Fangio und Stirling Moss, Maserati und Ferrari, Graf Berghe von Trips und Jim Clark, Nürburgring und Kyalami, Jackie Stewart und Niki Lauda, Silverstone und Monte Carlo, Alain Prost und Ayrton Senna, Mika Häkkinen und Michael Schumacher.

Die spektakulärsten Kämpfe der Boxgeschichte. Rumble in the Jungle lebt hier noch einmal auf; Muhammad Ali und seine Mega-Fights; das menschliche Drama um den Champion Mike Tyson; natürlich Gentleman Henry Maske, aber auch die Brüder Klitschko, Dariusz »Tiger« Michalczewski und die Rocchigiani-Brüder. Der besondere Höhepunkt: Box-Legende Max Schmeling.

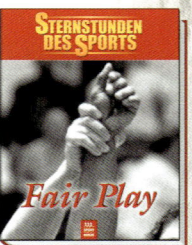

Geschichten mit Seltenheitswert – quer durch alle Sportarten: Wie Leverkusens Arne Ökland ein Tor gegen die Bayern freiwillig zurücknehmen ließ; wie ein russischer Biathlet seinem deutschen Konkurrenten einen Skistock schenkte und seinem Rivalen so zur Medaille verhalf; wie Stirling Moss die WM vergab, weil er seinem Kontrahenten auf der Strecke Starthilfe gab, und vieles andere.

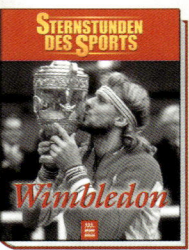

Wimbledon, das ist das Mekka aller Tennisspieler. »Mein Wohnzimmer«, hat Boris Becker den Rasen-Court im Londoner Stadtteil mal genannt. Hier schrieb der beste deutsche Tennisspieler aller Zeiten als 17-jähriger Junge aus Leimen Geschichte, ist im Wimbledon-Museum als jüngster Sieger aller Zeiten notiert.

Jeder Band 144 bzw. 160 Seiten, rund 100 Farb- und s/w-Fotos, gebunden mit Schutzumschlag, € 15,–/DM 29,34 (Stand: 06/2001)